別再說
都是為我好

情緒能量╳愛的語言╳正念溝通，
改變家庭能量動力，化解家人關係難題

許瑞云
陳德中／著

目錄 Contents

推薦序　改善與在乎家人的關係，完成自己的人生功課／鄭先安　011
自　序　停止複製有害的家人相處模式／許瑞云　017
自　序　「人在，心也在」的美好家人關係／陳德中　021

PART I
概念篇
3步驟改善你的家庭關係

1．辨識情緒能量類型　027
什麼是情緒能量類型？　027
情緒能量類型量表　029

視覺型　033
・我和孩子好像世仇
・視覺型特點
・視覺型名言：你是錯的！
・視覺型人如何自我調整
・視覺型能量處理法
・如果你的家人是視覺型

邏輯型　040
・陰道反覆發炎難痊癒
・邏輯型特點
・邏輯型名言：我是對的！
・邏輯型人如何自我調整
・邏輯型能量處理法
・如果你的家人是邏輯型

聽覺型　047
・難搞又難管教的五歲孩子
・聽覺型特點
・聽覺型名言：我很氣你，因爲你讓我覺得我錯了！
・聽覺型人如何自我調整

・聽覺型能量處理法
・如果你的家人是聽覺型

感受型 055

・腎病症候群
・感受型特點
・感受型名言：我不想讓你感到難過
・感受型人如何自我調整
・感受型能量處理法
・如果你的家人是感受型

不讓後天的情緒類型混淆自己 065

2・了解家人的愛之語 067

五種愛的語言，你和家人喜歡哪一種？ 067

A 肯定的話語（Words of Affirmation）
B 有品質的互動時間（Quality Time）
C 收受禮物（Receiving Gift）
D 服務的行動（Acts of Service）

E 肢體接觸（Physical Touch）

愛之語測驗 070

3・帶著正念溝通 075

正念溝通增進家人連結 075

・同在

・專注傾聽

・摘要複述（非評判）

・照顧情緒

不想事件，回到感受 084

更多幫助你與家人溝通的正念練習 085

・**正念基礎練習** 085

1. 呼吸觀察——培養專注與同在的能力

2. 身體掃描——培養觀照情緒的能力

・**正念應用練習** 091

1. 極度深呼吸——當情緒高漲時

2. 三口呼吸法——話到嘴邊慢半拍，以免出口傷人

PART II

個案篇 糾結難解的家庭關係，從此有解

4．夫妻相處 095

1. 先生只想當原生家庭的小孩 095
2. 我賺得比較多，但我不想讓先生難受 101
3. 我說不出甜言蜜語 109
4. 我得這麼強勢才能活下來 114
5. 我的軟弱才讓先生那麼強勢 120
6. 暖男有外遇 126
7. 舊情人的能量糾纏 133
8. 我可以有意見 139

5．親子教養 145

1. 尊重孩子和不同對象的相處模式 145

2. 小孩拖拖拉拉怎麼辦？ 151
3. 沉迷3C的青少年 158
4. 我好怕兒子像我弟 164
5. 那些緣分極短的孩子 173
6. 兒子打媽媽 178
7. 媽媽，妳可以放鬆一點嗎？ 184
8. 孩子，你站錯位置了 190
9. 溝通前請先同理對方 196

6．婆媳關係&自我成長 201

1. 我和我先生不熟 201
2. 不讓先生當夾心餅乾 208
3. 我也可以不完美 215
4. 無愛症 221
5. 把自己的需求找回來 229
6. 不是你的錯 236

PART III

練習篇
全書能量運動與正念練習總整理

練習❶視覺型能量處理法 245
練習❷邏輯型能量處理法 245
練習❸聽覺型能量處理法 246
練習❹感受型能量處理法——交叉運動 246
練習❺感受型能量處理法——韋恩庫克運動 247
練習❻感受型能量處理法——背部淋巴排毒運動 248
練習❼消除負面情緒——EFT敲打法 249
練習❽感覺憤怒或不被家人尊重——平靜三焦 251
練習❾家族能量場混亂——透過家庭能量動力整合 251
練習❿家人不在身邊，還是讓你感到困擾、受到影響——情緒心念 252
練習⓫爲家人犧牲付出許多，卻沒有回報——愛的語言 253
練習⓬強化家人關係，讓溝通更有愛也有效——正念溝通四階做法 253

練習⓭培養專注與同在的能力——正念基礎練習：呼吸觀察 255
練習⓮培養觀照情緒的能力——正念基礎練習：身體掃描 257
練習⓯當情緒高漲時——正念應用練習：極度深呼吸 261
練習⓰有衝動想罵人——正念應用練習：三口呼吸法 262

推薦序

改善與在乎家人的關係，完成自己的人生功課

鄭先安

在人生的旅程上，每個人都會有的共同功課就是「家庭關係」。從呱呱墜地開始，我們與父母就有著不可分割的因緣，父母也決定了我們成長過程的重要學習內容，包括語言、行為、各種情緒反應。小時候許多開心的、悲傷難過的、委屈壓抑的、生氣憤怒的情境與歷程，包括人事物的影像、聲音，過程中的種種細節，都會深刻地記錄在大腦裡。我們長大後的本能反應，無論是喜好或厭惡、好或壞的觀念，在在與小時候的家庭關係息息相關；人生的方向與生命的動力，很大一部分也由家庭關係決定。

在人體的發育上，大腦扮演著很重要的總管角色。一個人的特質、性格傾向、感官與身體的敏感度等，都與神經系統胚胎時期的發育過程相關。

在能量醫學發現的四種「情緒能量類型」——視覺型、邏輯型、聽覺型、感受型，就與每個人在極大壓力下的戰或逃或僵住的本能反應模式，有著高度相關。如果把神經醫學的研究與心念醫學的概念帶入來看，情緒能量類型就更加有趣，也更容易理解背後的意義。

每一種情緒能量類型的人都有不同的長處，也會有相應的弱點。在家庭關係與各種人際關係的互動當中，不同情緒能量類型的個體也會有不同的應對特質，以及他自己的人生旅程需要學習與跨越的不同功課。從神經系統的功能表現與先天特質、物質的生滅，與能量的恆在來看，每個人的人生功課也是一個輪替與延續的過程。

比如，視覺型的人，視覺神經路徑與大腦的連結特別強，在人事物的互動上，傾向用敏銳的視覺去判斷與學習，看得遠、看得廣，也很容易看到別人的問題點與可以改善的地方。但是，在承受高度壓力時，視覺型的人就容易陷入狹窄的隧道般的視野，特別專注在看到別人錯的地方，即使出發點是善意的，也很容易讓人感受到被批評與指責的壓力。在臨床經驗上，當視覺型的人與他人互動而產生許多壓力時，視覺路徑的負擔與眼睛承受的壓力，相對來說也特別大，而因為眼壓、眼球結構的變化較大，造成眼睛疾病的可能性也會增加。所以，**視覺型人的重要功課是學習對在乎的人事物「看順眼」**。

邏輯型的人，大腦額葉的思維能力特別發達，冷靜、有條理、分析能力強、不易有過多的情緒反應，但身體的感受常被忽略。長時間忽略身體的感受與反應，也導致身體的問題容易被延遲發現。因此，**邏輯型人的重要功課之一是學習與身體連結，覺察身體的感受與反應**。

聽覺型的人，聽覺感官上的路徑到大腦的詮釋迴路特別敏銳，會比其他類型的人更容易分辨與覺察微細的語音、音調、音頻的起伏改變。然而，敏銳的反應也容易產生過度敏感的情緒反應、過度的詮釋與解讀，以致出現過度的自我要求、自我批判與爆表的壓力負擔，甚至是精神層面的解離。**聽覺型人的重要功課是分辨想法的假象與回到真實的當下**。

感受型的人，身體的覺受能力特別強，很感性，常是家中的暖男、暖女；聽話、乖巧，很容易感受到別人的情緒而忽略自己，容易悲天憫人，把別人的問題當成自己的問題，而過度承擔別人的功課後，也常常讓自己受不了，變得情緒不穩、易怒。感性的另一端是理智，也是感受型人的弱點，**常會猶豫不決、**

難下決策、不會拒絕，這是感受型的人需要學習的功課。

除了每一種情緒類型的人的個別功課外，學習「專注當下」與「覺察情緒與念頭」，對每一個人都格外重要，也有助於跳脫卡住我們的強烈情緒的記憶框架。

當我們越能專注當下，卡住糾結的過往情緒記憶，以及對未來的擔心害怕造成的干擾與影響就越少。雖然過去與未來都只是念頭的雜訊，也只是過去的影像記憶與對未來的情緒反應，但是，強烈情緒會讓許多人困在這些幻象內。學習專注在每個當下，跳脫大腦運作模式的框架，回到與身體的連結，這部分的學習，可以參考我和許瑞云醫師近期著作《心念自癒力》一書，內容提到許多大腦運作的科學基礎，以及心念與能量角度的調整做法。

家庭是人生旅程中人與人之間互動與學習的第一站。父母、兄弟姊妹都是成長過程的重要他人，這段時間也是每個人生命與生存的安全感、人際間的信任感、依附他人的模式、信念強度等基礎能力的重要決定時期。許多卡住的、潛藏在深層、帶著強烈情緒的記憶，也影響著我們成年後對於不同人事物的在乎程度，包括看法、喜好、厭惡、壓力程度等。在臨床的行醫經驗中，我們也明確看到「心念」在身體疾病上扮演很重要的推動力。《心念自癒力》也提供了「心念醫療」觀念，與各種疾病背後的推動力源頭，以及如何逆轉疾病、修復身體的各種方法。

許瑞云醫師、陳德中老師和我，曾在家庭關係工作坊中幫助過許多學員面對各種家庭問題，這本新書正是如何改善與提供解決方案的精華彙整，收錄的都是很常見的家庭關係、伴侶關係、親子關係，以及自我關係課題。相信讀者可以參考與學習各案例的分享，找到運用的方法，改善你與在乎的家人的關係，完成自己的人生功課。

由心靈層面的角度來看我們的人生功課，卡關糾結的關係如果未能解開、持續糾結，當我們走到下一個人生階段，相同的功課就會重新來過一遍。

人生是一趟不斷學習與成長的旅程，短短數十年，家庭關係決定了絕大多數人的心靈成長程度，更決定了身體各種疾病的產生，甚至壽命的長短！如何走出困住我們的執念，釋放記憶中帶著的強烈糾結的情緒，是多數人的共同功課。

這本書的分享，期望帶給更多人參考與學習，也祝福大家在這趟人生旅途上，能夠圓滿自己的因緣，得以自我成長，也幫助更多的人。感恩參與家庭關係工作坊的學員，感恩方智出版社，感恩所有因緣！

（本文作者為花蓮慈濟醫院能量醫學中心副主任）

自序

停止複製有害的家人相處模式

許瑞云

每個人都渴望擁有幸福美滿的家庭，但傷害我們最深的經常也是家庭。從原生家庭與父母手足的關係，到成年後跟親密伴侶的關係，再延續到和子女的關係，往往都是我們生命中最重要也最困難的課題。

我們討厭父母對我們造成傷害的教養方式，卻常在不自覺中複製父母的模式，傷害了我們的孩子。例如，很討厭父母用尖酸刻薄的言語、囉囉唆唆的叨唸，或是以情緒勒索的方式，脅迫我們就範，卻可能赫然發現，自己在不知不覺中複製了最讓我們反感的這些親子互動模式，甚至延續到對待另一半的態度。

我們身體的很多疾病都與卡住的情緒息息相關，而最容易導致我們情緒卡關的人，往往就是最讓我們在乎的家人。我在診間處理了非常多家庭問題，也發現很多時候，只要家人關係有所改善，疾病也就跟著慢慢痊癒了。

這次很開心能跟陳德中老師一起完成此書，書中所有案例都是來自我們與鄭先安醫師三人共同帶領的家庭關係工作坊，透過我們各自的專業和不同面向，協助並引導學員走出家庭關係困境。為了保護學員隱私，書中的故事內容和人名細節都酌以改編。

本書第一部分「概念篇」，首先帶領讀者去了解維護**家庭和諧的三大基本步驟**：

第一步，是去認識每個家人各自的情緒能量類型，進而理解當對方處在壓力下，或一旦彼此發生爭執時，對方會如何反應，自己又會如何因應。這麼一來，就能透過認識不同人的情緒能量類型，在日常互動中避免踩到彼此的痛腳。唯有了解彼此，才能夠好好地同理對方。

除了了解家人的情緒能量類型，**第二步是去了解每個人喜歡，以及能夠感受到愛的方式是什麼**，這樣才不會做白工、表錯情，心生自己明明付出很多，卻換得「做到流汗，被人嫌到流涎」的哀嘆。舉例來說，如果伴侶喜歡透過擁抱、牽手等肢體接觸的親密方式表達與接受愛意，你卻總是以默默做家事來服務伴侶，並一再拒絕另一半的肢體接觸，那麼對方不僅難以感受到你的愛，還可能以為自己不被愛。

第三步則是透過帶著正念覺察和家人溝通互動，真正地看到彼此，來維護家庭和諧，避免在過程中不小心啟動邊緣腦，導致不必要的情緒化反應。

在認識完改善家人關係的基本概念三步驟之後，接著第二部會透過實際個案來呈現各種家庭問題，以及如何協助個案有意識地練習與實踐，改變家庭的能量動力，進而避免家人之間的衝突，化干戈為玉帛。

第二部分「個案篇」也依課題分成三章節，涵蓋範圍從親密伴侶之間的相處，到親子教養，以及婆媳問題與個人自我成長皆有。無論是日常的夫妻溝通、經濟落差、男女分工、隔代教養、3C成癮、外遇出軌、喪子之痛，到與自己和解，希望經由個案學員的真誠分享以及勇敢前行，能為有類似際遇的讀者，帶來支持與慰藉。

非常感謝方智出版社促成此書出版，也很感謝廖慧君女士協助記錄文字與編輯，更感謝所有參與工作坊的學員，願意分享他們的生命故事與困境，以及後續的調整練習，讓生命有了更好的風景。

希望讀者透過此書，更加了解如何為生命中最重要、但往往也是最困難的家人關係，找到更好的互動溝通方式，創造美好的家庭關係，讓生命更加和諧幸福。

自序

「人在，心也在」的美好家人關係

陳德中

無論是國王還是農夫，家庭和睦就是最快樂的。

He is happiest, be he king or peasant, who finds peace in his home.

——歌德

很可惜的是，在現實生活中，無論是國王或農夫，要做到家庭完全和睦，恐怕都不是太容易的事。伴侶、親子、婆媳，每個家庭中大大小小的關係問題，似乎從未停過，而這正是本書問世的原因。

本書的起源，是來自許瑞云醫師、鄭先安醫師以及我本人曾共同帶領的家庭關係工作坊，當時因為發覺社會上家庭問題層出不窮，創傷模式不斷世代傳遞，所以想結合能量醫學、家族排列、神經科學、諮商心理及正念溝通，來協助需要的朋友改善家庭關係。而我個人負責的，是正念溝通及諮商心理相關領域。

關於如何改善家庭關係，本書第一部分「概念篇」的其中一個步驟為正念。正念的領域很廣，我們只選擇了「正念溝通」這個主題，因為優質的溝通，對促進良好關係連結極為重要。

我們常說「一家人在一起」，而這個「在一起／連結」若要走深，就不能只是空間上的在一起。古人曾形容感情不睦的夫妻「同床異夢」，現代生活更常見一家人明明在同一個屋簷下吃飯，但爸爸看電視、媽媽滑手機、小孩玩平板，表面上大家好像在一起，心的距離卻很遙遠。也因此，同在（presence）是正念中很重要的概念，也是透過正念訓練能達到的理想關係狀態。

我有個學員既是職場達人，也是幼兒園孩子的媽媽，她每天都忙得不可開交，也希望能多跟孩子相處，以增加親子的連結度，無奈時間並不允許。我對她說，若實在無法增加「量」，至少也要增加「質」。

她平常每天一早上班前都會先抱抱孩子，然後匆匆趕出門。我跟她說，下次在抱孩子時，至少這一、兩分鐘，暫時先不想等一下的工作，放下匆忙與焦處，全心全意跟自己的呼吸與孩子的身體在一起，感受孩子當下的溫度、心跳與肌膚的接觸，不只身體在孩子旁邊，讓心也同在這裡，把時間與可貴的專注力，像禮物一樣送給親愛的孩子。這樣每天實行，約一週後，孩子突然對她說：「媽媽，我覺得妳現在好愛我喔！」

「人在，心也在」這種具有專注品質的相處時間，有時已是我們能給家人最好的禮物，而這也正是正念溝通的背後精髓。

除了概念篇與練習篇，第二部分「個案篇」更是本書的精采重點。很感謝當時工作坊成員的真實分享與真情流露，當然，內容都是在成員知情並書面同意下進行書寫，即使如此，人名都已經過化名處理，故事情節也做了不小幅度的改編，以保護隱私。其實除了故事本身之外，更重要的是每則故事最後附上的建議方向與練習指導的「家庭難題有解」，那是來自許醫師、鄭醫師跟我自己給當事人的現場回饋，相信除了對該個案有用之外，對於身處類似情境的讀者，也是不錯的參考指引。

也許你不是國王，也非農夫，但衷心祝福你擁有和睦的家庭，成為快樂的人。

PART I
概念篇

3 步驟
改善你的家庭關係

1 辨識情緒能量類型

什麼是情緒能量類型？

「情緒能量類型」指的是當我們面對壓力、邊緣腦被啟動、進入戰或逃狀態時會出現的情緒反應。

有時候，我們會覺得家人怎麼好像突然變了一個人，或者老是用某一種方式來回應我們的問題，這很可能正是因為家人落入個人所屬的情緒類型，所產生的典型反應。

從能量的角度來看，情緒類型可以分為「視覺型」「邏輯型」「聽覺型」與「感受型」四種，這個跟「神經語言程式」（NLP）所說的溝通和學習模式類型不一樣。雖然NLP也用視覺、聽覺、觸覺來區分，但不是從情緒能量場來做區別。

一個人身心狀態平穩的時候，或多或少都會有這四種情緒能量類型的特質，問題在於一旦落入戰或逃的情境或很大的壓力下，個人的反應模式就會回歸自己與生俱來的情緒能量類型。

早在還在母體裡的嬰兒時期，一個人的情緒能量類型就已經被決定了，而且終身不會變。雖然如此，我們還是可以透過不斷練習覺察、覺知，讓自己不要輕易落入戰或逃的邊緣腦反應，就不會困在固有的情緒類型中，做出失衡的反應。

每個人有其天生的特質，只要避免落入邊緣腦主導，盡可能處於穩定狀態，讓愛自己和愛別人的程度達到平衡，就不容易受自己固有的情緒能量類型左右。所以，當我們覺得自己四種情緒類型都有時，往往代表你正處在平衡狀態。

由此可知，如果要看出一個人的情緒能量類型，就要去看他處在攸關生存的壓力狀態時，典型的反應模式是什麼。一般會觸動我們生存的壓力，經常來自親密關係，尤其是伴侶和親子關係。

情緒能量類型量表

評估個人的情緒能量類型時，我們往往很難看清自己是哪一種，特別是當我們處在關係壓力中，內在經驗混亂，常令人感到困惑。有時身旁的家人或伴侶反而比我們更能看出自己所屬的情緒類型是那一種。

很多人會在後天努力培養某一種情緒類型，有時看似超越個人天生的模式，問題是當巨大的壓力來襲，天生的情緒類型終究還是會發揮作用。所以，我們還是要好好認識自己、伴侶，以及身邊重要家人朋友的情緒類型，如此一來，在跟對方互動時，就會更容易化解彼此間的差異。

下列量表測驗可以協助我們找出自己的情緒類型。在此也特別提醒，為了避免個人主觀的經驗與記憶影響了測試結果的準確性，如果可以，請與家人和伴侶各做一次，然後一起討論自測和他測的差異，找出真正屬於自己的情緒類型。

情緒能量類型量表	
在進行本量表測驗前，請先「想像自己和家人發生重大衝突時，你會有的第一個反應」，然後去圈選每一個題目中最接近自身經驗的選項。	
1	(1) 我可以清楚看到對方做錯了什麼。 (2) 我通常會很有邏輯、理性、合理地回應，不會情緒化。 (3) 我覺得很生氣，因為我的觀點都沒被聽見。 (4) 我全然被感受淹沒，當下常常說不出話，事後才想到自己當時應該如何回話。
2	(1) 我的家人告訴我，說我看不到自己錯在哪裡，或自己的問題所在。 (2) 我知道我思考的比感受的還要多。 (3) 我可以「聽出」字裡行間的意思，也就是對方的話中話。 (4) 我的感受和直覺才是重要的，邏輯和思考沒有太大依據。
3	(1) 我看得出來對方應該要做什麼來解決問題。 (2) 我想先避開，直到對方冷靜下來，我們才能對話。 (3) 我的內在對話聲量（頭腦裡的小劇場）比對方的聲音更大、更清楚。 (4) 當家人不表達他（她）的感受時，我會覺得很寂寞。
4	(1) 當對方無法符合我的期望或要求時，我會非常生氣。 (2) 有時候家人會指責我太過冷靜鎮定（冷血、沒反應）。 (3) 我會仔細分析對方的行為或言語，事後會產生強烈的情緒（越想越生氣、傷心）。 (4) 我通常不喜歡衝突，因此會特別小心，盡量不說出或做出傷害家人的事。
5	(1) 我常常能夠指出家人哪裡做得不對、哪裡應該改善。 (2) 邏輯和理性思考是我的強項之一。 (3) 雖然家人說他沒有排斥我，但我還是覺得被排斥。 (4) 我試著盡量遷就家人，讓他感覺好，但我最後可能會因此崩潰或大發脾氣。

6	(1) 我會責怪家人錯誤的地方。 (2) 我會感到意外，因為我根本不覺得我們之間有什麼問題。 (3) 比起他說的話，我可能被家人說話的語氣、表情、聲調傷得更深。 (4) 我比較想了解家人的感覺，而不那麼在意自己的感受。
7	(1) 我的家人通常是錯的。 (2) 我總是比較有條理、有組織力、有計畫。 (3) 我會批判自己。 (4) 我不清楚自己真正的感受或想法。
8	(1) 如果家人避免四目相接，我會想說：「請看著我。」 (2) 我很不喜歡家人強烈的情緒反應。 (3) 我會因為受傷和挫折而退縮。 (4) 如果家人看起來很痛苦，我往往會讓步。
9	(1) 有時就像是一場競賽，而我總是想著要贏（尤其是辯贏）。 (2) 我的邏輯很強，讓我感到自在。 (3) 我對自己會很嚴厲地批判，總認為自己不夠完美。 (4) 我腦子一片空白，說不出話來，無法立即回應對方。
10	(1)「你錯了！你不該這樣！」 (2)「我才是對的！」 (3)「你批評我的不是，所以我對你很生氣。」 (4)「我不想讓你覺得不好受。」

計算一下，你有幾個 (1)、(2)、(3)、(4)。(1) 越多，代表你越可能是「視覺型」；(2) 越多，代表你越可能是「邏輯型」；(3) 越多，代表你越可能是「聽覺型」；(4) 越多，代表你越可能是「感受型」。
不妨先自己做測驗，然後再請家人做一次。如果你的家人也完成測驗，可以比較一下彼此測驗的結果。

再次提醒，以上量表是根據一個人在壓力狀況下，可能採取的最初反應。你除了可以檢測出自己的情緒能量類型，也可以邀請伴侶或孩子來做做看，或是觀察他們的情緒能量屬於那一種類型與傾向。

有些人可能會測出第二種情緒能量類型，這經常是自我後天學習去適應這個世界的方式。但這項測驗要看的是一個人在巨大壓力下的情緒反應，所以還是要再次強調：你應該要想著你跟家人真正起爭執、發生衝突的時候，然後依你最常用的慣性反應模式，來回答量表的問題。

還有一種情況是，你填量表得出的結果，往往是「自己認為」的你，但實際上的你，有可能跟自己以為的不一樣，所以即使是透過量表測出的結果，也未必就是自己真正的情緒能量類型。建議你可以邀請好朋友、家人或伴侶，幫自己填寫這份量表，看看他們認識的你是否跟你認為的自己一樣。

視覺型

我和孩子好像世仇

貞樺和承甫這對母子就像世仇一樣。承甫小六之後，就變得非常叛逆，總是跟媽媽頂嘴反抗，一次又一次的爭執，把母子情分都磨光了，讓貞樺好幾次都氣得說出自己怎麼會養出這麼不孝的孩子，甚至對兒子懷有恨意。如今已經國三的承甫早就拒絕跟媽媽溝通，母子倆雖然同住一個屋簷下，但把彼此視為空氣，毫無交集。

貞樺說起承甫的事，就是一肚子怨氣。她不懂，自己明明都是為了兒子好，為什麼她要求的事，承甫就是做不到，甚至連試著去改善都不願意。

貞樺說：「兒子的生活習慣很差，老是喜歡亂丟東西，如果要他整理收拾，也都要三令五申，偶爾才會整理一下，但要不了多久，就又變得亂七八糟。兒子看書寫字的姿勢也不對，所以搞到眼睛和脊椎都出毛病，我就是擔心以後留下什麼後遺症，才會一直糾正，可是他還是不想改，反而因為常常被我罵，對我越來越反感，連態度也變得很差。我當然要糾正他的態度，可是一直唸他的結果，就是關係越來越壞，有時候我都覺得自己開始恨起自己的兒子。」

貞樺的情緒能量類型是「視覺型」，而承甫是「聽覺型」的孩子。視覺型的媽媽其實很辛苦，但是身為她的孩子更辛苦，因為沒有找到合適的溝通方式，讓母子倆都很難受。

視覺型的人在情緒平衡時是很有前瞻性和規畫性的，做事情有條有理，但要是壓力太大或情緒失衡時，常常只會看到別人的問題。他們認為自己明明看到對方錯的地方，一心想著只要對方改了，事情就會解決，所以會不斷要求、逼迫他人做出改變。

貞樺會常常對承甫說：「你錯了！」「你應該怎樣……」「你不該怎樣……」「你怎麼這樣做呢？」「我說過多少次了，你怎麼老是說不聽！」「你如果這樣做不就好了嗎！」自己認為都是為了孩子好，才會告訴他錯在哪裡、應該如何改進等。但這種指責的溝通方式，孩子根本聽不進去，尤其對象又是聽覺型的孩子，讓情況更為嚴重，母子關係自然越來越惡劣。

視覺型的人有一個特點，就是在說話時一定會看著對方，因為看著對方的眼睛會讓視覺型人更有力，甚至講到激動處，視覺型人的眼中還會迸射出一股能量。如果一個人認為「說話時應該看著別人的眼睛，否則就是不禮貌」，而且喜歡注視對方的雙眼，這個人的情緒類型很可能就是視覺型。其他情緒類型的人在衝突當下，比較不喜歡看著別人的眼睛，會傾向避開直接的視線接觸，因為非視覺型的人如果一直盯著別人的眼睛看，常常感到沒力。

在身心狀況良好、處於情緒平衡狀態時，視覺型人是很好的領導者，極具展望性、前瞻性與規畫性，還有著高明的說服力，很能看著目標持續前進，印度國父聖雄甘地就是視覺型人。但視覺型人若處於不平衡的狀態，視野就會變得狹隘，容易流於批判指責他人之過，一直看到別人錯的地方，看不到別人對在哪裡和自己錯在哪裡，常會落入好辯不認輸的情境中，即使嘴巴沒有說出來，內心也會一直嘀咕別人的錯，覺得都是別人的問題。

視覺型的人情緒不平衡、狀況不好的時候，看到的往往都是別人錯的地方、別人應該改進什麼，而且還會自認為是好心給對方建議，不懂為什麼對方就是不能接受，如果對方願意改變，不就沒事了，為什麼就是不肯改呢？如果別人不順從他的「好心建議」，視覺型人就會感到失望、生氣、很不開心，認為：「我好心好意給你建議，你怎麼就是聽不進去呢？」也會不斷跟對方爭辯，企圖說服別人照自己的建議去做。

◎視覺型特點

1. 說話時習慣看著對方，也會期待對方要看著自己。
2. 把自己的觀點與期許投射在他人身上。
3. 當他人無法認同自己的觀點或期許時，容易感到失望、生氣。
4. 常會批判、責怪或論斷他人。
5. 容易忽視他人的立場。
6. 無論如何一定要說服對方或辯贏對方，會持續跟人講道理，直到說服為止。

◎視覺型名言

你是錯的！

◎視覺型人如何自我調整

1. 檢視自己的假設——別人真的是錯的嗎？試著把自己有限的視野打開。
2. 不要局限在自己的看法。除了自己提議的方案，有沒有其他可能性？
3. 嘗試去同理對方，或說出對方的看法，看看自己有沒有做錯的地方。
4. 不能強求對方要跟自己一樣，要去看到其他的可能性，思考對方為什麼這樣想、那樣做。
5. 願意學習看別人順眼，尊重別人的看法和做法，不去批判。
6. 願意看到別人對在哪裡，也去看到自己錯在哪裡。

◎視覺型能量處理法

用視線畫出「∞」（無窮）的符號，練習對在乎的人事物看順眼。

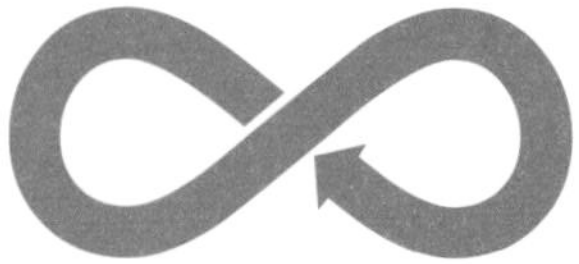

◎如果你的家人是視覺型

1. 視覺型人不會輕易放棄他堅信的事情，但切記你的觀點也有道理。毋須讓視覺型人的觀點排擠你自己的觀點，如果任由視覺型人霸凌你的看法，他反而會覺得你的默認是在向他認錯。

2. 可以去同理視覺型人，問問他是否了解你的想法。先讓視覺型人感覺被了解，他才有餘裕去思考你的觀點。

3. 在情緒壓力下，不要期待視覺型人會立刻贊同你。

4. 跟視覺型人溝通時，可以多用「你的意思是……？」這樣的問句。

5. 發生衝突時，最差的是互不相讓、各持己見，次差的是各退一步、彼此忍讓，而最好的是能找到原本彼此都沒想到的新解決方案，達到雙贏或多贏。

6. 確定自己了解視覺型人的看法，也讓他清楚你的想法，並針對意見不同的部分達成協議。

7. 表達時盡量看著他的眼睛——視覺型人比較難信任眼神會閃爍或躲避的人。

8. 如果你覺得看著視覺型人的眼睛很有壓力，就要讓他知道，請他收斂太過銳利的眼神。

9. 如果很難直視對方的眼睛，可以看著他的鼻子，這樣對方還是會感覺你有在看著他，彼此又能保持合適的距離。

邏輯型

陰道反覆發炎難痊癒

筱琪因為陰道發炎的問題來看診，這樣的情況已經持續一年多了，雖然看過婦科，但就是無法根治，反覆發炎，實在很困擾。

一般而言，陰道發炎的問題往往跟伴侶有關，可能是親密關係中有傷心或生氣的情緒卡住，所以才會反覆發作好不了。聽到我這麼說，筱琪很驚訝，因為她現在沒有伴侶，前任男友也已經分開兩年多了。

筱琪的情緒能量類型屬於邏輯型，習慣用頭腦分析、理解和處理事情，也包括處理情緒。所以雖然已經是很久以前的伴侶，而且自認為頭腦也都想清楚了，但那些沒有被好好處理的情緒，還是一直卡著，並不會因為分手了就自然消失。

筱琪說前男友和自己分手後，沒多久就結婚了。知道他娶了別人，筱琪才意識到前男友早就劈腿，對她不忠，而自己一直被蒙在鼓裡，這讓筱琪憤怒又傷心。但筱琪只是告訴自己，至少認清對方，早早離開這樣的男人，應該是件好事。

理性上，筱琪雖然自認為想清楚了，也一直說服自己沒什麼好生氣的，但身體卻很誠實地出現問題。就是那個時間點，筱琪的陰道開始反覆發炎。

邏輯型的人跟伴侶發生爭執時，往往會希望能夠先冷靜下來，保有獨處的空間，不想繼續跟伴侶糾纏爭吵下去；而處理好後，邏輯型的人就會像是什麼都沒發生過一樣。但是遇到的伴侶，如果是希望在吵架後彼此能有所連結、擁抱、親密接觸的人，那麼對邏輯型人的平淡反應，可能就會感到失望傷心，甚至生氣。這也是為什麼筱琪和前男友會走到分手的原因。

邏輯型的人較不擅長溝通，尤其是跟情緒有關的互動，他們往往不善於處理。邏輯型人處在平衡狀態時，還可以保有感性，但是一遇到衝突和壓力，就會變得冷漠無情，只會用頭腦和理智來「想通」事情，卻忽略情緒和身體還在持續反應中，導致能量無法流動，卡在身體裡，所以一天到晚發炎。

邏輯型人很容易出現頭腦和心脫離的狀態，壓力越大，他們會顯得越冷靜，卻也讓人感到越無情。但邏輯型人其實是很有慈悲心的，只是在壓力下很容易忽略心的感覺，會不斷要求自己冷靜下來，覺得生氣沒好處，習慣用頭腦的理智來處理情緒，所以常會說出：「誰說我還在生氣？我早就想通了、不氣了，沒啥好氣的啊！」但其實他們的身體還在生氣，只是頭腦或意識上自覺已經不生氣了。正是因為邏輯型人常會忽略身體的感受，所以往往等到身體的問題變大了才有所覺知。

邏輯型人能夠非常有條理地精準分析，重視邏輯、次序、系統，很會歸納整理，但如果你去找邏輯型人訴苦，往往得不到安慰，因為他們很難同理你的感受，只會長篇大論地解析為什麼會發些這些情況，容易讓人抓狂。但你的反應越是歇斯底里，邏輯型人就會越覺得你不可理喻，會先行離開你，讓你冷靜下來再說。邏輯型的人跟自己的情緒和心常常沒有很好的連結，所以也不容易跟人有很好的情感連結。

傳統上，邏輯型人以男性居多（但現今也逐漸看到越來越多邏輯型女性）。有很多邏輯型的先生，明明伴侶已經覺得婚姻關係難以繼續，他們卻毫無所悉，覺得自己的婚姻很好，沒什麼問題。

在做情緒能量類型測驗時，通常會請受測者想一件跟伴侶之間出現壓力或衝突的事，典型的邏輯型人很常說出：「沒有啊，我沒有什麼壓力，我們也沒有什麼衝突或問題喔！」說出這種話的十之八九都是邏輯型人，因為他們很難感受到壓力，也很難理解、同理或知悉伴侶的痛苦。

其實邏輯型人並不是沒有愛心，只是不能理解為什麼別人有那麼多情緒反應。東方社會常強調男兒有淚不輕彈，所以如果家裡的男孩子是邏輯型人，要多引導他好好表達自己的感受，因為哭也是情緒表達的一種，哭得出來的人，才能打從心裡真正笑出來。哭不出來的人，往往累積很多沉重的情緒，所以也很難真心歡笑。

疾病的發生往往是壓力導致的結果，把感受都壓下來，久而久之就容易生病。有時候病人如果可以透過哭泣釋放情緒和壓力，讓能量得到緩解與流動，身體就比較容易復原。

◎邏輯型特點

1. 習慣用分析來理解事情和處理情緒。
2. 容易心腦不一。
3. 很難跟人有情感連結。
4. 總覺得自己是對的，所以很堅持己見，不太在意別人的看法。
5. 情緒比較不易激動。
6. 一切講理（講他的道理），討厭失控。
7. 如果覺得跟你講不清，就會停止互動或繼續跟你談下去。
8. 在有情緒時喜歡獨處，但還是會希望家人表達對他的關心，只是不能黏著他。

◎邏輯型名言

我是對的！

◎邏輯型人如何自我調整

1. 檢視自己的假設——問自己：「我真的是對的嗎？」
2. 仔細想想對方的感受、看法、結論，真的是毫不相關或全無道理嗎？
3. 嘗試用同理和愛的方式來總結對方的想法與反應，讓對方知道你懂得他的論點，也讓對方知道你是關心他的。

◎邏輯型能量處理法

將一隻手放在後腦枕骨下方凹下去的位置，另一隻手放在心輪的地方，連結自己的身體（心）跟大腦。

◎如果你的家人是邏輯型

1.在壓力下，讓他有時間和空間獨處一下，給他時間調整自己，但也要適度表達關心。

2.當他在思考或講話時，不要打斷他的話，也不要打擾他。

3.不管多期待他的感性回應，你將面對的會是邏輯和理性；他只會講一堆道理，這是他表達關心和愛的方式。

4.不要期待他對情感問題做出較感性的回應。

5.不要在受挫時高八度音講話，甚至歇斯底里、情緒失控，太過激動只會將他推得更遠。因為他在壓力下很需要獨立的時間與空間，所以會認為你也該如此，而盡量避開你，讓你有機會獨處，整理好自己。

6.保持鎮定、冷靜、沉著，邏輯型人才會想跟你談。讓他了解你懂他的意思，盡量用理性的方式跟他好好溝通。

7.要懂得表達自己的需求，不要讓他猜，清楚明白地跟他說可以如何做，這樣他才會知道。例如，「我需要抱抱」「我需要你跟我說你在乎我的感受」，或「我需要請你幫我倒垃圾、收衣服」，要像這樣清楚地表達需求，他才會知道。邏輯型的人有時候也很難跟對方說「我愛你」，表達感性的語言對他們而言是有困難的，因為不符合固有的邏輯思維。

聽覺型

難搞又難管教的五歲孩子

五歲的動旗跟著媽媽來就診，媽媽說動旗的脾氣暴躁，皮膚嚴重過敏，才小小年紀就有睡眠障礙，常常躺在床上幾小時都睡不著。

我看著動旗小小的臉上有著明顯的黑眼圈，跟人接觸時帶著強烈的不安，無法安靜坐著太久，表情不時顯得呆滯、放空，實在讓人心疼。

測了動旗的情緒能量類型後，知道他是聽覺型的孩子，也發現原來動旗覺得媽媽生了妹妹之後，就不再愛他了，不但常常讓動旗覺得媽媽很不耐煩，甚至一點也不關心他。此外，動旗也覺得爸爸很可怕，總是動不動就大聲罵人，這些壓力讓勳旗小小年紀就深感不安，身體才會跟著一直出問題。

聽覺型的人在溝通上很重視口氣和聲調，所以千萬不要對他們大聲說話，溝通時一定要溫柔和善，不然即使是善意提醒，聽覺型人也會覺得好像是在罵他。對聽覺型的孩子而言，鼓勵要比指責或打罵的方式有效許多，也特別需要感到被關注，確認自己有被聽到和看到。妹妹出生後，媽媽因為分身乏術，很常在跟勳旗講話時，一邊還得分神照顧妹妹，導致勳旗覺得媽媽不再愛自己，只疼愛妹妹。

勳旗之所以睡不著的原因則跟爸爸有關。爸爸對勳旗的期望很高，總希望他能夠做得更好，所以每當勳旗不聽話或做錯事時，爸爸就會大聲責備。但這樣的教養方式，不但無法真正讓勳旗理解，反而造成他很大的壓力，讓他想到爸爸就覺得害怕，才會難以入睡。

聽覺型人很敏感，常會聽出別人沒說出口的話。許多聽覺型人極有藝術或音樂的天分，很能欣賞美，品味特別好，音感佳，不少藝術和音樂工作者即屬聽覺型。聽覺型人學習語言，可以聽出音律的細微差異，外國人學中文如果能夠分辨一到四聲，經常都是聽覺型人。

但聽覺型人對生命過度敏感，很容易聽到一句話就想很多，腦子裡會不斷上演各種小劇場，所以容易鑽牛角尖，落入憂鬱、沮喪、焦慮的情緒中，甚至出現幻聽等思覺失調症狀，不少精神官能症患者也是聽覺型人。聽覺型人常常會感到自己內心的對話比對方真實的聲音更清楚；另外，他們很喜歡被聽到，如果自己的話沒被聽到，就會感到格外沮喪。

聽覺型人很容易對別人說的一句話過度分析，在人際關係上也很在意他人的反應，有時太過在意對方，以至於一句話要說出口之前已經轉了又轉，不斷分析拆解對方聽了這句話可能有什麼反應，而說不出口。對於別人無意間的行為動作很容易無限擴大想像，也很在意聲調跟語氣，對話時如果太大聲，他們感受到的就會是怒氣，而不是關心。動旗身為聽覺型的孩子，跟他溝通時只要口氣好，聲調和緩，盡量用肯定、讚賞、不批評的方式，他就比較能感受到家人話語背後的關心。

聽覺型人很需要被肯定和讚美，如果用批判或建議的方式，去說他們哪裡還做得不夠好，聽覺型人會很受不了，因為他們本來就很容易自我批判，對自己的要求也特別嚴格，容易跟人比較，有完美主義傾向，假如一直做不到，也可能會乾脆自我放棄。

因此，聽覺型人的課題是不要過度詮釋別人的話，或眼神、動作。當別人說他沒有這樣的意思時，要相信他真的沒有這個意思，雖然你可能心裡還是會碎碎唸，覺得對方明明就是這樣想的。

聽覺型的人在感覺被人批評時，可以練習把別人的意見歸還給對方，不需照單全收，氣死自己。懂得肯定自己，不跟別人比較，在被批判或被拒絕時有能力好好調適，是聽覺型人終身要學習的功課。

很多聽覺型人的能量會卡在耳朵附近，以及太陽神經叢（大約在胃的位置，是身體的能量中心之一）。因為他們的自我意識比較強，很在意別人怎麼說，一旦認為自己被批評了，就會非常抗拒。由於聽覺型人容易想很多，所以非常耗費能量，會有偏瘦的傾向。

◎聽覺型特點

1. 易聽到話中話。

2. 腦子裡的自我對話比對方的聲音來得清楚，太過敏銳。很多精神病患是聽覺型。
3. 如果覺得自己沒有被對方聽到，會很沮喪。
4. 過度闡釋、分析和評論所有的事情。
5. 小小的眼神或動作，都可能被誇大解釋。
6. 相對於說話的內容，說話的聲調和語氣更容易讓聽覺型人受到傷害。
7. 容易對自我嚴厲批判和厭惡。
8. 容易退縮，常會誤認為自己被他人拒絕。
9. 人際關係常有困難，很害怕被別人批評或討厭。當感覺被他人批評或拒絕時，傾向逃避退縮。
10. 容易因為覺得自己做得不夠好半途而廢。

◎聽覺型名言

我很氣你，因為你讓我覺得我錯了！

◎聽覺型人如何自我調整

1. 檢視自己的假設——對方真的是在批評你嗎？真的沒有聽到你說的話嗎？
2. 試著拿掉話裡的形容詞，拿掉後再問自己：「事實是什麼？」例如：「他惡狠狠地看了我一眼。」把「惡狠狠」這個形容詞拿掉後，你會發現事實只是「他看了我一眼」，而「惡狠狠」其實是你自己的詮釋和想法罷了。
3. 不要賦予太多意義或過度詮釋各種訊息。
4. 嘗試去聽到對方話裡和語氣裡的正面意思，聽出其中的關懷與愛。即使對方口氣不好，但話中可能帶有許多關懷和對你的在乎。
5. 當別人說他沒有這個意思，就要相信對方真的沒有這個意思。

◎聽覺型能量處理法

先用左手蓋住左耳，再以右手四指輕敲左手手背（第四指無名指和第五指小指間凹陷處），一面敲、一面吸氣或吐氣，換手後重複。

也可以把右手放在心窩，然後以左手敲打右手手背（第四指無名指和第五指小指間凹陷處），可以用來處理恐慌與不安。

如果遇到不友善的人，可以邊敲邊告訴自己：「我很安全，我們都只是來人世間演一齣戲而已，沒有什麼過不去的。」

◎如果你的家人是聽覺型

1. 聽覺型人很容易進入自己的小劇場，而沒有聽到你說的話。你跟他說的

事，他可能真的有聽沒有到，因為他還在反芻和分析你前面的幾句話是什麼意思。所以交代聽覺型人重要事情時，最好要讓他重述一次，看你說的和他聽到的是否一樣的。而且最好一次說一個項目，不要一次交代很多事。

2. 如果你很急，口氣又不好，聽覺型人就很容易產生壓力，會覺得被嫌棄或批評，而感到很傷心和生氣，這樣更聽不進去你說的話。

3. 在壓力下他很難聽到話語中的本意，會在心裡臆測，不斷衍生很多內心戲碼，所以容易誤解你說的意思。

4. 一些不經意的動作或眼神都可能被他過度渲染和詮釋，認為背後具有很大的意義。

5. 聽覺型人一旦落入小劇場，你越解釋，只會讓聽覺型人覺得越描越黑，因為聽覺型人很難接受他對你的疑慮並不真確這個事實。

6. 聽覺型人善於傾聽別人，也喜歡被聽到和被認可；如果覺得沒有被認可，他們會很受不了，感到很挫敗。

7. 記得說話的口氣很重要。面對聽覺型的家人，請盡量用溫和、正向的方式給予肯定和讚美，而非用批判或否定的口吻跟他們說話。

8. 聽覺型人很喜歡被人傾聽。多專注聽聽他想說什麼，不要否定他的想法，只是單純地、專心地傾聽就好。給他專注的一對一時間，這樣會讓聽覺型人感受到被愛。

感受型

腎病症候群

揚耀的腎臟在國三時開始出問題，起先以為只是小感冒，沒想到一週後全身腫了起來，變成腎病症候群。雖然他定期去腎臟科門診，也乖乖服藥，但病情一直好好壞壞，現在揚耀已經高二了，還是必須依賴類固醇控制。

揚耀的病因和父母有關，特別是跟媽媽的關係。揚耀說生病前，父母對他的成績盯得很緊，直到生病之後，爸爸媽媽才不再那麼重視成績。

揚耀的情緒能量是感受型，很容易感受到他人對自己的期待和情緒，所以承擔了媽媽的不安和爸爸的期待，也因為這兩股無法釋放的壓力，讓揚耀的身體出了問題。

得了腎臟病之後，爸爸媽媽對揚耀的成績不再那麼在意，所以他潛意識裡並沒有很希望自己趕快好起來，因為得病之後，反而落得輕鬆，生病的好處實在太大了。

感受型的人很容易體察到他人的心情，會為了不讓他人失望，而過度壓迫自己。揚耀的疾病的確和考試壓力有關，而壓力經常都是來自個人的想法。如果身體在做一件事，內心卻想著另一件事，身心分離的結果，就很難專注有效率。揚耀因為擔心自己考不好，讀書很難專心，成績自然不理想，結果壓力就更大，連帶疾病也就更難痊癒。

揚耀因為覺察到媽媽的期待，而不斷要求自己要考得更好，才不會讓媽媽那麼不安或焦慮，結果卻是過度壓迫自己。潛意識裡，孩子都希望被父母認可，尤其是感受型的孩子，更會努力去滿足父母的期待，對別人的情緒感同身受，所以更常受到他人情緒的影響。

其實能夠盡力而為也就足夠，但感受型的人很常承接超過個人能力可負擔的任務。盡力而為不代表要苛責、打壓或強迫自己去做不可能做到的事。

感受型的人很難對別人說「不」，常用自我犧牲的方式去成就他人，也很愛操心別人的事。他們希望每個人都好過、覺得開心，因此很樂意關懷別人。

感受型的人要學習去看到自己真正的意願。如果問感受型人要去哪裡吃飯，他們通常會說：「都好，你喜歡就好了。」雖然嘴巴上說「都好」「都依你」，內心其實還是有比較喜歡的餐廳，只是在被問的當下，會傾向配合他人的喜好和需求，也容易感受到他人的意願是什麼；但相處久了，如果覺得都是自己一直在配合對方，對方卻從來沒有替自己著想，感受型人就會覺得委屈，而變得易怒，甚至會拒絕再犧牲或配合。

感受型人常被封為「濫好人」或「暖女暖男」，所以如何說「不」是他們生命的課題。要是覺得很難在一時半刻做到，那至少先學著慢一點回覆，可以告訴對方：「等一下！我回去想想看。」如果對方一直催促，就告訴他：「現在就要我回答的話，那我的答案就是『不』。」

感受型人特別體貼、習慣付出，但也很容易覺得委屈、生氣，尤其是被他人拒絕時，會特別難受，因為感受型人幾乎不大會拒絕別人。在壓力下，感受型人的能量是外散的，很容易看不到自己的需要或真相，會把別人的需要當成自己的責任。因為不喜歡衝突，所以經常忍耐，直到真的受不了，就會爆開，想著要離開這段關係了。

在壓力下，感受型人也容易腦部一片空白，想不起來自己要說什麼。跟在乎的人吵架時，感受型人很難在當下馬上回嘴，所以通常說不過別人。他們一般都是在事後才很懊惱，覺得如果那時可以怎樣跟對方說就好了。

很多感受型人容易過度擔心別人的問題，導致脾經因思慮過度而失調，容易發胖和水腫。所以感受型人如果要減肥，就要學會畫界線，不要擔心或過度介入別人的問題，要懂得聆聽自己內在真正的聲音，該說「不」的時候就要說。

感受型人和邏輯型人在壓力下的能量正好相反。邏輯型人的能量會卡在腦部，常常忽略了身體的真實感受，出現過度冷靜、無情的反應；而感受型人的能量會卡在身體，身體的感受力和情緒很強大，卻無法用頭腦好好思考，常會出現情緒化的反應。

有趣的是，感受型人很容易和邏輯型人相互吸引，因為感受型人往往會欣賞邏輯型人的冷靜、穩定、理智，而邏輯型人會喜歡感受型人的溫暖、貼心、善解人意。但這兩種類型的人如果結婚，在相處上常會遭遇很多困難。例如邏輯型人在壓力出現時，很需要獨處的時間和空間，才能好好思考，冷靜下來，也特別討厭情緒化的反應；但感受型人正好相反，當壓力出現時，感受型人會希望和對方有所連結、好好溝通、互相關心表達愛意等，很受不了對方竟然冷淡地走開。如果爭吵後，邏輯型的人任由感受型伴侶獨處，只會讓他們覺得另一半很冷血、無情無義，已經不愛自己了；但事實只是邏輯型人覺得伴侶目前情緒反應很大，靠近會很危險，最好給對方一些獨處的空間和時間，以為等對方冷靜下來，自然就沒事了。

所以，如果邏輯型和感受型的人在一起，平常狀態好的時候就要約法三章：一旦發生爭吵，感受型人要願意給邏輯型人冷靜的時間和空間，但平復之後，邏輯型人要回來跟感受型的另一半連結，將在乎和愛傳達給感受型人。

◎感受型特點

1. 容易忽略自己的感受。

2. 很能夠體會別人的感受。

3. 很難拒絕他人，不想讓別人不好過。

4. 常壓抑自己的需求。

5. 不擅長表達自己真正的想法和需要，會認為「如果對方愛我，應該就會知道如何做」。

6. 長久忍耐、犧牲、委屈自己，到最後容易爆發，不再順從和聽話，從小鳥依人、善解人意的小女人，變成容易生氣、火氣大、不講理、不可理喻的女人。

◎感受型名言

我不想讓你感到難過。

◎感受型人如何自我調整

1. 調整能量，讓自己的能量不再離開腦部，從身體散出去，而是能夠流動到大腦，使之順利運作，以便集中精神。
2. 不急著答應別人的要求，下決定前先離開他人的能量場，至少到另一個房間，然後再問自己內心真正的答案是什麼。
3. 學習允許別人難受，允許別人有自己的情緒，讓別人為他們自己的情緒和事務負責。

◎感受型能量處理法

感受型的人遇到壓力時，能量會變得散漫，無法集中，腦筋一片空白，很難保有邏輯思維和溝通能力。這時可做韋恩庫克運動、交叉運動或背部淋巴排毒運動，來幫助能量集中，改善壓力對身心的影響。

交叉運動

將右手放在左肩上，然後往右下方快速滑過身體，直到右臂位置，再換以左手做同樣動作，並重複以上的動作三次。像這樣以雙手交替的方式，用一點力道，讓能量交叉，滑過身體。

接著，抬起左腳，以右手上臂敲擊左腳大腿處，再換成抬起右腳，以左手上臂敲擊右腳大腿處。雙手重複交叉運動，大約三十到四十次。交叉運動用站姿或坐姿都可以練習。

韋恩庫克運動

呈坐姿，將左腳抬到右腳上，再以右手握住左腳的腳踝，左手則拉住腳

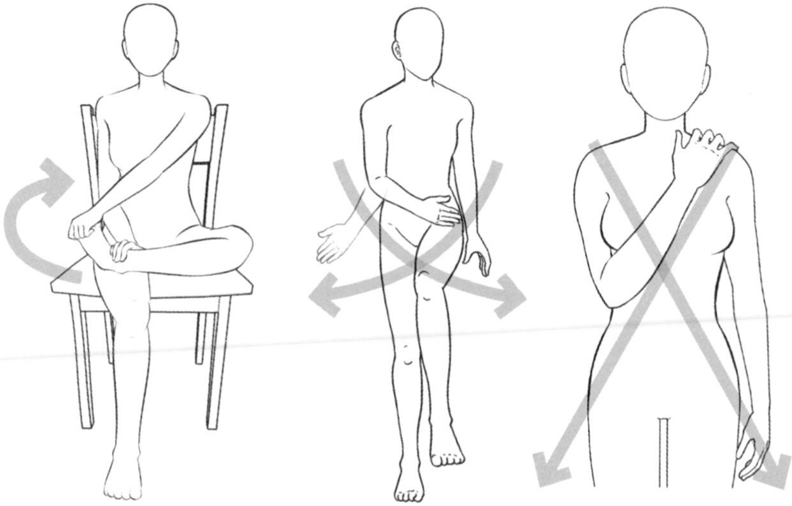

尖位置。吸氣時，手施力將腳往自己身體的方向拉攏；吐氣時，手腳放鬆。重複三次後，再換腳，以同樣動作重複三次。

接著，用兩隻手比成三角形，大拇指放在兩眉的中間，深呼吸三次。之後，兩手一到四指的手指放在額頭的中央，往下輕按一下，再往兩側拉開。

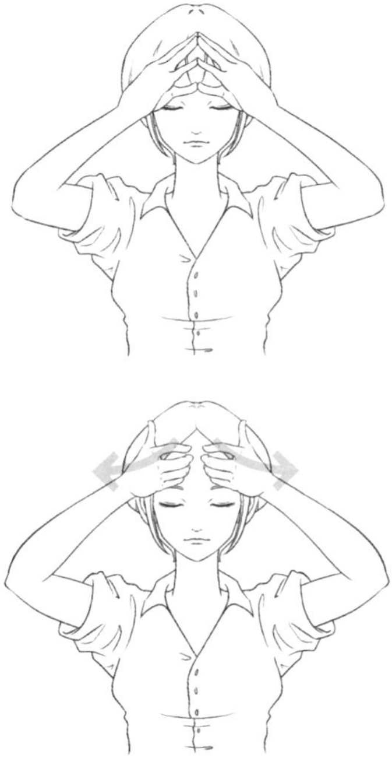

這個動作可以改善注意力不足的問題。

背部淋巴排毒運動

現代人許多的情緒毒素會累積在身體的神經淋巴（neurolympatic，能量醫療名詞），感受型的人可以做背部淋巴按摩，就像清水溝一樣，定期清理排毒，有助於平衡能量，抒發情緒。

請別人用雙手手掌放到你的背後，在脊椎兩側的位置由上往下刷，直到臀部，重複數次即可。感受型人做背部淋巴排毒運動會特別有感，但其實任何類型的人都適合做，有助於定期清理，平衡能量。

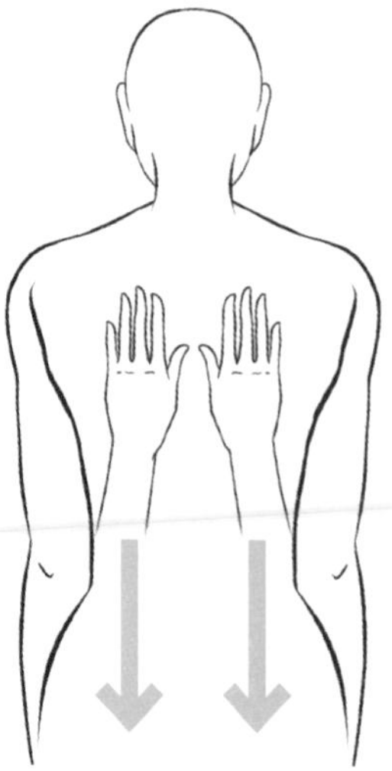

◎如果你的家人是感受型

1. 感受型人的回應常有誇大他人痛苦的傾向，容易過度強調感覺的重要性，而且相信自己的感受才是事實，超出邏輯理性的推斷。
2. 注意他的感受。在壓力狀況下，他可能語無倫次，這時你只要想辦法說出他的感受，不要被他的言語影響。
3. 抱抱他、親親他，或是為他做背部淋巴排毒運動，他的情緒就會好很多。
4. 感受型人做決策比較慢，一直催促會讓他更有壓力，導致亂中有錯。

5. 在壓力下，感受型人只會看到對方的需要，忽略了自己的需求。
6. 若感受到太多痛苦或要求，就會退縮。
7. 他常答應得太快，但因為不是他真心想要的，所以往往答應了卻做不到。
8. 詢問他的意見時，可以觀察非語言表達的部分，以辨識出他沒說出口的想法。
9. 感受型人在被指控或被要求立即回應時，常搞不清楚自己真正的需求。
10. 給他充裕時間來消化吸收問題和請求。在壓力下，他只能看到你的需要。
11. 注意退縮的徵兆。如果感受到你太多的痛苦，他可能會想逃避。

不讓後天的情緒類型混淆自己

一個人承受的壓力不是太大時，勉強可以用後天培養的第二情緒類型去應對；但壓力爆表時，根本的情緒類型就會出現。

很多男性以為自己是邏輯型人。可是一旦面臨巨大的壓力，呈現的情緒類型卻可能是感受型或聽覺型人，例如，華人文化認為男生不該哭、不該過於陰柔，要理智、有邏輯，加上教育方式也都傾向訓練左腦，很少發展右腦，所以很多男性都會誤認為自己是邏輯型人。

去觀察一個人在壓力和焦慮狀態時會有的第一反應。以親子關係為例：

感受型的孩子會很貼心，不大會說「不」，但較散漫、粗線條，傾向取悅或討好父母，常常直到青春期才爆發累積的情緒，開始叛逆。

邏輯型的孩子情緒比較穩定，喜歡整整齊齊、按部就班。

聽覺型的孩子會想很多，對語氣、聲音特別敏感，腦中的小劇場很多，特別不喜歡被罵或被批評，常會呈現過度強烈的情緒反應。

視覺型的孩子在和人相處時，有批評別人的傾向，容易指出別人錯在那裡，但也常常是團體中的領導者，因為說服他人的能力比較好。

像這樣辨識各種壓力反應模式與情緒能量類型，就可以讓我們更清楚家人在高度壓力下會如何反應，自己又可以如何應對，才能減低彼此的誤解與衝突，甚至順利化解。接下來，我們也要了解彼此愛的語言，知道家人喜歡怎麼感受到你的愛，這樣才可以在平常相處時，在愛的銀行裡增加愛的存款。

2 了解家人的愛之語

五種愛的語言，你和家人喜歡哪一種？

蓋瑞．巧門博士（Dr. Gary Chapman）研究發現，每個人能夠理解、接受並且適合的「愛的語言」，都不盡相同。

很多人覺得，自己為對方做了很多很多事，對方卻總是看不到，或是沒有回應，其實這是因為雙方表達愛的方式不同，所以付出和接收才沒能對得上。因此，去了解身邊重要他人喜歡並能接收到的「愛的語言」是什麼，是一件很重要的事。

總的來說，愛的語言大致可分為以下五種：

A 肯定的話語（Words of Affirmation）

直接的讚美與肯定，可以讓人感覺被欣賞。很多人適合的愛的語言，就是肯定的話語。透過欣賞和鼓勵的話，去感覺自己有多重要，或是聽到對方說出「我愛你」，都能讓人感受到自己被愛。

B 有品質的互動時間（Quality Time）

有品質的互動時間，指的是兩個人在一起時，能夠把所有的注意力放在對方身上，至於一起從事什麼活動，反而沒那麼重要，重點是在情感上與對方有所交集，讓對方感覺到被傾聽與被愛。對話時保持眼神接觸，千萬不要一邊交談，一邊做別的事，更不要急著給出建議，想要幫對方解決問題。

C 收受禮物（Receiving Gift）

有些人喜歡透過收到禮物來證明自己被愛，或至少確認對方有想到自己。我們往往是因為想到了什麼人，才會想到要準備禮物，所以禮物代表的就是一種「念想」，無關乎禮物的價格。只在心裡想著並不作數，而是要經由送禮具體表達，做為一種愛的表示。有時候一張卡片、一封短箋，都可以讓收到的人非常開心。

D 服務的行動（Acts of Service）

透過幫對方做事、替對方服務，讓對方感到高興，進而表現出你對他的愛。服務的行動可以是為對方做一頓飯、修理東西，甚至是倒垃圾。只要是以正面喜樂的態度去進行，能讓對方感受到愛，就是一種愛的語言。

E 肢體接觸（Physical Touch）

肢體接觸可以直接傳達感情，對愛的語言為肢體接觸的人來說，一個親吻或擁抱，可能遠勝昂貴的禮物，或是為對方做很多事。擁抱、牽手、摸摸頭、拍拍肩膀等，很多時候，溫柔的肢體接觸正是最直接的愛的證明。

愛之語測驗

以下自我檢測問卷的 30 個問題，各有 2 個選項，請你比較看看，自己喜歡哪一種「愛的語言」。

1	我喜歡收到寫滿讚美與肯定的小紙條。A 我喜歡被擁抱的感覺。E
2	我喜歡和在我心目中占有特殊地位的人獨處。B 每當有人給我實際的幫助，我就會覺得他是愛我的。D
3	我喜歡收到特別為我選購或手做的禮物。C 我有空就喜歡去探訪朋友和所愛的人。B
4	有人幫我做事，我就會覺得被愛。D 被喜歡的人碰觸身體時，我會感到被愛。E
5	當我所愛的人攬著我的肩膀，我就會有被愛的感覺。E 當我所愛的人送我禮物時，我會有被愛的感覺。C
6	我喜歡和朋友，或是所愛的人到處走走。B 我喜歡和我心目中喜歡或愛的人擊掌或手牽手。E
7	愛的具體象徵（禮物）對我很重要。C 受到別人的肯定讓我有被愛的感覺。A
8	我喜歡和我所愛的人促膝長談。E 我喜歡聽到我所愛的人說我很漂亮、很迷人。A
9	我喜歡和好友及所愛的人在一起。B 我喜歡收到朋友或所愛的人送的禮物。C
10	我喜歡聽到別人接納和肯定我的話。A 如果有人願意幫我的忙，我會知道他是愛我的。D

11	我喜歡和朋友與所愛的人一起做同一件事。B 我喜歡聽到別人對我說友善的話。A
12	別人的表現要比他的言語更能感動我。D 被擁抱讓我覺得與對方很親近，也覺得自己很重要。E
13	我珍惜別人的讚美，盡量避免受到批評。A 生活中常送我許多小禮物，要比送我一份大禮更能感動我。C
14	當我和人聊天或一起做事時，我會覺得與他很親近。B 朋友和所愛的人若常常與我有身體的接觸，我會覺得與他很親近。E
15	我喜歡聽到別人稱讚我的成就。A 當別人勉強自己去為我做一件事，我會覺得他很愛我。D
16	我喜歡所愛的人走過身邊時，特意用身體碰碰我的感覺。E 我喜歡別人聆聽我說話，而且感到興趣十足。B
17	當朋友和所愛的人幫助我完成工作，我會覺得被愛。D 我很喜歡收到朋友和所愛的人送的禮物。C
18	我喜歡聽到別人稱讚我的外表。A 別人願意體諒我的感受時，我會有被愛的感覺。B
19	我心目中在乎或所愛的人碰我的身體時，我會很有安全感。E 實際服務的行動讓我覺得被愛。D
20	我很感激朋友或家人願意為我付出那麼多。D 我喜歡收到朋友或家人送我禮物。C
21	我很喜歡被人呵護備至的感覺。B 我很喜歡被別人服務的感覺。D
22	有人送我生日禮物時，我會覺得被愛。C 有人在我生日那天對我說出特別的話，我會覺得被愛。A

23	有人送我禮物，我就知道他有想到我。C 有人幫我做家事，我會覺得被愛。D
24	我很感激有人耐心聽我說話而且不插嘴。B 我很感激有人記得某個特別日子並且送我禮物。C
25	我喜歡知道我所愛的人因為關心我，所以幫我做家事。D 我喜歡和我的愛人一起去散步。B
26	我喜歡和愛人親吻。E 有人不為了特別理由而送我禮物，我會覺得很開心。C
27	我喜歡聽到有人向我表示感謝。A 與人交談時，我喜歡對方注視我的眼睛。B
28	朋友或所愛的人送的禮物，我會特別珍惜。C 朋友和所愛的人跟我有肢體碰觸，那種感覺很好。E
29	有人熱心做我要求的事，我會覺得被愛。D 聽到別人對我表示感激，我會覺得被愛。A
30	我每天都需要身體的接觸。E 我每天都需要肯定我的言詞。A

測驗結果解析：

A 最多的人，愛的語言為「肯定的話語」。

B 最多的人，愛的語言為「有品質的互動時間」。

C 最多的人，愛的語言為「收受禮物」。

D 最多的人，愛的語言為「服務的行動」。

E 最多的人，愛的語言為「肢體接觸」。

除了辨識家人的情緒能量類型、了解彼此之間愛的語言，我們也要學習如何帶著正念溝通，調整自己的情緒，才得以避免擴大關係衝突。

3 帶著正念溝通

正念溝通增進家人連結

正念溝通指的是回到當下，帶著覺察與善意來溝通。以下整理成四階做法：**同在**、**專注傾聽**、**摘要複述**（**非評判**），以及**照顧情緒**。

同在

「同在」指的就是**人在**，**心也在**。

首先是身體的層次。許多人雖然身處同一個空間，卻自顧自地上網、滑手機、看電視、看報紙，這樣的場景如今隨處可見，人和人溝通時心不在焉的狀況，比比皆是。

很多父母都對孩子沉迷3C的問題憂心忡忡，但有時真正放不下各種3C用品的人，其實是父母自己。人在心不在的互動，已經變成一種嚴重的冷暴力，父母跟孩子溝通時心有旁騖，態度敷衍輕慢，以為孩子不會察覺，殊不知這些輕忽，都會讓孩子覺得自己被忽視，內心因而產生無愛感，認為自己似乎不值得占據父母的寶貴時間，甚至認定手機遊戲或是股票指數的高低對父母而言，可能比自己更為重要。久而久之，孩子想要建立自我價值，就會越來越困難。

「同在」的另一個層次，則是心理上的。**全心全意、充滿覺察地去感覺自己身體的坐姿或站姿，並且認真看著對方、聆聽對方，把一個人能給予他人最珍貴的禮物之一——時間與專注力，好好地傳遞給身邊珍視的人。**若能做到這樣，對生命中的重要他人來說，往往是比金錢物質更加難能可貴的禮物。

正念同在可以透過練習越來越上手，而練習的第一步，就從「活在當下」

開始。例如喝水時，留意水的溫度，看清手中杯子的顏色，然後把這樣專注在這一刻的模式轉換到溝通上，包括專心地跟對方在一起，把注意力擺在眼前的對象身上。說來簡單，但知易行難，真要做到並不容易，光是希望自己全心全意專注在呼吸上十分鐘，不去想其他的事情，一個沒有受過訓練或做過練習的人往往很難做到。

想做到正念溝通，第一步可以有意識地從身體開始去做，心理上則經由長期練習養成習慣，在不斷練習的過程中，讓自己越來越懂得與人溝通時不只人在，心也要在。

專注傾聽

正念溝通的另一個要素，就是「專注傾聽」。這也是說來容易，但其實不容易做到。

哈佛大學心理學博士麥特．齊林索斯（Matt Killingsworth）的研究顯示，人們有四十七%的時間都沒有在想眼前所做的事情。舉例來說，如果你對一個人說一百句話，一般而言，對方頂多只能複述出五十三句你所說的話。這不是因為對方的記憶力不好，而是當你在說話時，對方可能在想著等一下要做什麼、去哪裡、處理什麼事。所以，你講你的話，他想他的事，當一個人的腦袋裡塞滿了各種念頭，自然沒空間容納其他資訊。這時，就需要正念練習來鍛鍊專注力了（關於基礎正念練習法，參見本章最後，或是第三部分「練習篇」）。

關於溝通，傾聽往往比說話更重要。以台灣家長為例，父母總是說得多、聽得少，很多時候家長會把孩子的話視為童言童語，所以不認真看待，但孩子完全值得大人的注意力。父母要願意並專注傾聽孩子想說的話，認真地把孩子的話當一回事，這也是正念溝通的要素之一。

摘要複述（非評判）

正念溝通的第三個核心要素，則是試著在對話過程中摘要複述對方表達的內容。

例如妹妹跟媽媽告狀，說哥哥推了她一把，媽媽只要試著彙整重述妹妹所說的話，就有助於讓孩子覺得自己被關心，意識到真的有一個人願意把生命中寶貴的時間用來陪在自己身邊，認真了解、聆聽自己的心情，即使只是短短幾分鐘。

如果每一個家人都能像這樣感受到被關心、被理解，可能會在遇到挫折或低潮等關鍵時刻，生出很大的內在支持力量。可惜的是，現代匆忙急躁的生活型態，讓很多夫妻可能連一天十分鐘都不願把注意力全然放在另一半身上。

摘要複述的重點在於**「了解」**與**「表達理解」**。很多時候一方在聽完另一方的談話後，雖然談話者覺得自己有被聆聽，但聆聽的一方心裡究竟是在批判，還是真心想要理解，談話者並不清楚。有時我們會說出：「ＸＸＸ，你剛才講得還不錯。」表面上「還不錯」似乎是讚美，但背後其實是一種批判，有時甚至會直接說出：「你在胡扯！」或是：「不要想那麼多了。」

我們也常見父母在跟孩子溝通時說出「你連這個也不會，要是能……就好了」這樣的回應，其實都是在「給建議」，而不是溝通，這並非正念溝通真正的核心價值所在。

試著想想，當我們跟別人對話時，是期待對方「批判」我們所說的話，還是希望對方能「了解」我們在說什麼呢？答案顯而易見，相信絕大多數人都希望被理解，而不是被批評。然而，我們卻常在聽完別人說的話時直接評斷，尤其是身為父母的人，總會反射性地以「我要教你」為前提，對孩子提出糾正、批判、指導——雖然**有時糾正、批判或指導並沒有不對，但在此之前，更應該做的是先去了解**。盡職的父母應該先去了解孩子，才能給予孩子真正需要的教養與提醒。

伴侶之間溝通更是要做到傾聽，去了解對方想傳達的意思。夫妻關係中，最重要的就是彼此是否同頻、有無連結。從能量的角度來看「同在」這件事，當我們的心專注在對方身上時，兩個人就已經開始連結，彼此之間的能量也會產生流動。

有些男性會抱怨老婆或長輩很愛碎碎唸，工作一整天已經很累了，回到家實在很難專注傾聽這些碎唸。其實，很多人的碎唸正是因為渴望他人聽見自己內在的心聲，才會不斷重複；這樣的渴求如果一直沒有被滿足，就可能不自覺地一再說出口，無法停止。這時，不妨試著用摘要複述的方式，幫對方整理想要傳達的內容——只要說出事情本身就好，不必給出建議。如此一來，對方就可能因為感覺被聆聽了，而停止無盡的抱怨嘮叨。

總之，若把以上幾點濃縮成一句訣竅，**「正念溝通」就是「全心全意且不帶評判地、跟正在溝通的對象交流」**。

雖然評判和建議有時是必要的，但前提是彼此要先建立信任關係，透過理解、同在、連結和信任感，再去給出建議，才是比較理想的方式。

照顧情緒

正念溝通更為深入的層次，就是要探討情緒的影響。

人與人之間的溝通模式一旦建立，就不容易扭轉，因為溝通到後來，往往要處理的是兩人之間累積的情緒。例如，我跟某個家人處得不太好，甚至一想到他，心情就不好，胸口又悶又堵。這時，不妨試著用正念當中的「身體掃描」技巧，幫助覺察情緒，別再讓情緒成為溝通的障礙。

身體掃描的技術，要從覺察自己「體內的感受」開始，因為身體的感受跟內在的情緒是相連的。例如，看到某人就覺得胃不舒服，或一聽到這個人的聲音，喉嚨就覺得緊緊的，這時可以先去覺察身體上不舒服的感覺，盡量客觀地觀察，同時告訴自己，試著去涵容這樣的情緒（參見本章最後，或是第三部分「練習篇」身體掃描的相關描述）。

可練習留意，一旦看到或聽到某人（第一層），身體就會出現不舒服的感覺（第二層）。如果有這樣的現象，就代表你已經有情緒了。前兩層是每個人都會經歷的過程，其實很正常，關鍵在第三層：當我們覺得身體不舒服時，會自然而然升起厭惡反應，例如討厭胸口得悶堵的感覺，因此產生痛恨或厭惡，想趕快摒除那種不舒服感；但我們的理解很可能是反過來投射在第一層，導致「因為某人出現，讓我身體不舒服；因為身體不舒服讓我很厭惡，所以我很討厭這個人」這樣的連結產生，而讓我們對這個人心生負面感受。

如果心裡已經很厭惡一個人，那麼無論他說什麼，我們往往都聽不進去；要是雙方的能量錯綜複雜，就算只是坐在鄰座，彼此也會感覺很不舒服，因為兩個人的負面能量不斷交錯，造成雙方都在不舒服的情緒中糾結。

這種時候，可以試著透過正念的身體掃描方式不斷自我觀察，去注意身體不舒服的地方。一直重複這樣的練習，最後就會發現，所有升起的感覺怎麼消失了？當然，前提是我們「客觀如實」地觀察身體的反應，不要一直添加「燃料」。

所謂「燃料」，有一種是故事情節，也就是念頭。這些腦中的念頭常會加深身體不舒服的感覺，例如，「XXX實在太可惡了！」第二種燃料，則是前述的厭惡反應，也就是對身體不舒服的厭惡感，因為厭惡反應只會讓自己更不舒服。而不要添加燃料的意思，就是不要一再回想對方對自己哪裡不好，而只是專注在自己因當下情緒所引起的身體不適感，例如胸口很悶，就專注在胸口很悶這一點上。只要全心全意專注在感覺本身，就會發現感覺並非那麼真實，也不是永遠不變的，而是自有生滅起落的過程；只要多一點耐心，這些感受與情緒漸漸地就不會一再影響雙方的溝通。關係已經很差的兩個人，這麼做才是改善關係的治本之道，只是需要多一點時間。

運用正念溝通前，溝通對象之間的能量不能過度糾結——除非其中一方有強大的動力，就算和對方溝通讓人很不舒服，也願意用正念溝通的方式堅持下去；又或者一方強烈地愛著另一方，例如太太很愛先生，雖然看到先生就有氣，但因為愛的力量更強大，所以願意接納，去克服溝通過程中的不舒服。其實正念到最後，也就是**願意接納發生的一切，不只是對方，也包括接納自己**——因為我們不接納對方，經常是源自我們也不接納自己有不舒服的感覺。

不想事件，回到感受

以上是透過正念溝通，以較為長期、完整且根本的途徑，改善你與家人的關係。但正念也有些短期即可見效的技術，包括「極度深呼吸」與「三口呼吸」，在跟讓你產生情緒的人溝通前，可以先做這些練習（參見本章最後，或是第三部分「練習篇」）。

另外，也可記住一個口訣：「不**想**事件，回到**感受**。」想跟伴侶爭吵時，用這招搭配深呼吸，特別有用。一般人吵架，會一直想著爭吵的對話情節或這個人的缺點，越想越覺得對方很差勁，越想越氣，越氣越想，掉入同樣的惡性循環中，就容易鑽牛角尖。

「氣」其實是情緒，而它會呈現在身體的感覺上。腦中想的是負面情節，浮現的畫面自然很糟糕，念頭和感覺一再交互作用，久而久之甚至可能產生攻擊性行為。所以，千萬不要把注意力一直放在故事情節，而是要回到呼吸或身體感受上。

溝通不順暢，問題常不在於溝通本身，而是因為我們有情緒。只要能透過正念，調節好情緒，溝通自然而然會變得更流暢。

更多幫助你與家人溝通的正念練習

除了前述的正念溝通四階做法——同在、專注傾聽、摘要複述（非評判）、照顧情緒——以下也介紹幾種基礎與實用的正念練習，幫助你與家人溝通。

正念基礎練習

① 呼吸觀察——培養專注與同在的能力

正念的意思是覺察，它是一套心智鍛鍊方法，最初源自東方的禪修，時至今日，則與西方科學結合，並以非宗教的方式進行。

以下介紹最基本的呼吸靜坐法。

找個感覺安全的地方，讓身和心同在。

去感受臀部和椅子之間的觸感，感覺鼻孔一直有氣息出入。深呼吸一下，告訴自己現在的這口呼吸，又是新的一口呼吸了，無論過去怎麼樣，我們永遠都有新的機會去面對未來。

慢慢地回到自然呼吸的頻率，感覺呼吸一直跟自己在一起，無論開心、難過、吃飯、睡覺……呼吸一直都在。此時我們只要去觀察、去留意自己是在呼氣，還是吸氣，就像在水流旁看著，我們也只要好好觀察自己當下的每一口呼吸就好。然後提醒自己，過去的已經過去，未來的還未到來，透過體驗當下的呼吸，感覺到自己。

觀察呼吸時，很多人會開始想東想西，想到孩子、伴侶、父母、同事、朋友等周遭的人說過的話，或是之前發生的大小事，一大堆念頭在腦海中浮現。這都是正常的反應，毋須介意。

一旦發現自己的思緒被拉走，就輕輕回來，留意呼吸即可。要是念頭真的很多，不妨乾脆去觀察這些念頭，看看自己平常都在想些什麼。

其實念頭只是念頭，我們看到、想到的很多念頭，往往都不是真的。試著去感覺身體，去看清**念頭未必是事實**，然後把感覺放回自己的身體或呼吸上。

◎如需音檔引導練習，可聽此 YouTube 音檔：

https://www.youtube.com/watch?v=XvUJI71hHhM

②身體掃描——培養觀照情緒的能力

身體掃描之前的準備：

找個安靜、獨立、不受打擾的空間，躺著或坐著練習皆可。

・這個練習很單純，不必思考，毋須評價，保持開放、專注與接納。覺察自己，重新與自己的身體連結。

・掃描時，眼睛可以張開，也可以閉上。整個練習過程保持覺察與清醒。

・留意呼吸或觀察小腹的起伏，不用擔心做對或做錯，就只是觀察。如果分心了，不必氣餒，輕輕地把心帶回來，很有耐心地跟自己在一起。

・體驗全身的重量感。如果是躺在床上，就體驗頭顱、後背、臀部與床接觸的感覺；若是坐在椅子上，就體驗臀部與背部承受的重量感。

・身體局部可能鬆、可能緊，可能某些部位舒服、某些部位不舒服，都沒有關係。如果可以放鬆，很好；若無法放鬆，也沒關係，因為你覺察了，這是一種智慧。身體所有的部位與感受，都是你的一部分。

・不是所有部位都會有感覺，沒有感覺的部分，就如實知道它沒感覺即可。覺察到該部位沒有感覺，也是一種正念。

・身體掃描的重點，在於保持客觀、如實、第三方的態度，平等而不評判地覺察每個存在的身體感受，無論它是舒服、不舒服，或是中性的／沒感覺。

開始身體掃描：

1. 把注意力放在左腳腳跟，尤其如果是躺著練習，腳跟應該會接觸地面，那就去體驗左腳腳跟接觸地面的感覺。
2. 體驗左腳腳掌。如果有穿襪子，可以感受皮膚與襪子的接觸，沒穿襪子也可能會跟空氣接觸。接著體驗腳趾頭，然後是腳背。

3. 注意力往上移動到左小腿，體驗它的各個側邊。除了皮膚，也向內感覺肌肉，看看是緊是鬆，甚至再向內感覺骨骼。

4. 再往上移動，去覺察左膝關節。接著是大腿，包括內外側、上下四周，從皮膚表層開始覺察，然後向內深入去覺察肌肉的感覺。

5. 再來換右腳。從右腳腳跟開始，像感覺左腳那樣一路往上，直到大腿與骨盆的連結處。

6. 接著進入軀幹部分。首先是整個骨盆腔，包括臀部、鼠蹊部和膀胱等部位，客觀如實地覺察。

7. 再往上到腹部，可以覺察皮膚與衣物的接觸、底下的肌群、更裡面的胃腸。其實胃腸是有感覺的，例如餓或飽。

8. 然後是腰的兩側，以及整個後背部。

9. 接著來到胸口。這裡是重點，因為胸口是與身體及情緒連結最明顯的部位之一，多花點時間客觀、如實、接納地體驗這裡的感受。當然，正在做練習時可能沒有情緒，那可以先感覺皮膚與衣物的接觸，之後往內、往心窩方向去感受。

10. 然後是左手手掌、手指頭，往上到手腕、前手臂、手肘、大手臂，一直到左肩膀。接著右手也一樣，從手掌一直覺察到右肩膀。

11. 再來是喉嚨、脖子兩側，以及後頸部。

12. 然後是臉部與頭部，包括下巴、嘴唇、臉頰、鼻子、眼睛、額頭、耳朵、後腦勺、頭頂。

13. 剛剛是分別覺察身體各個部分，現在可以同時覺知全身，清楚知道自己躺著、坐著，姿勢為何。去感覺整體，可能有些部位有感覺，有些部位沒感覺，有些部位舒服，有些部位不舒服，但都保持開放，允許這一切如其所是地存在。

14. 最後，你可以動一動手腳，感覺身體具體存在。接著把眼睛睜開，清醒體驗自己全身的感覺。如果你剛剛睡著了，也沒關係，雖然身體掃描原意是要保持清醒地覺察，但如果你因此有個美好的睡眠，也是好事。當然，能夠覺察自己的身體、感覺、情緒，才是身體掃描的關鍵。

◎如需音檔引導練習，可聽此 YouTube 音檔：
https://www.youtube.com/watch?v=r_SmSBMu_XM

正念應用練習

① 極度深呼吸——當情緒高漲時

此即一般深呼吸的加強版。大部分人即使做深呼吸，也不一定會吸到極致地長，吐到極致地盡，這項練習則是非常刻意地，吸氣盡量吸久吸長，吸到實在受不了為止，吐氣則要完全吐盡，就像唱歌不換氣，拚命唱到底，越久越好；甚至可在吐氣時小聲喊「啊……」，能喊多長算多長。

就這樣吸……吐……吸……吐……吸……吐……數次，直到覺得胸口鬱結的感受稍微鬆開為止。在深呼吸時全神貫注地留意呼吸本身，幾次之後，通常情緒會較為平穩。

② 三口呼吸法——話到嘴邊慢半拍，以免出口傷人

當情緒不穩，有股衝動想對家人說出某些話、做某些事之前，你可以用「三口呼吸法」。例如，忍不住想要指責孩子或罵老公的時候，可以透過三口呼吸，給自己一個踩剎車的機會。

第一口呼吸，專注觀察氣息在鼻孔的進出，然後把混亂的念頭集中在身體上。

第二口呼吸，放鬆肌肉，一面吸氣、吐氣，一面把身體的肌肉放鬆。

第三口呼吸，則是在吸氣、吐氣的時候，問自己「現在什麼最重要」。例如是發脾氣重要，還是孩子的未來重要？是羞辱老公重要，還是讓兩人有個美好的未來重要？

透過三口呼吸，讓自己不至於一時衝動，說了後悔的話，或是做出難以彌補的事。

PART II
個案篇

糾結難解的家庭關係，從此有解

4

夫妻相處

案例1

先生只想當原生家庭的小孩

錦芝從大學時就和仲洵在一起，從戀愛、結婚，到現在已經超過二十五年，夫妻感情還是很不錯。但婚後沒多久，仲洵就因為幫哥哥作保，一夜之間負債幾千萬，夫妻兩人只好拚命賺錢還債，也因此婚後多年才敢生小孩，唯一的兒子現在才八歲。

仲洵當年最吸引錦芝的，除了他的好脾氣，就是他的原生家庭。因為錦芝的父母感情很不好，兩個人雖然沒有離婚，甚至還住在同一個屋簷下，但彼此幾乎沒有任何交集，身為長女的錦芝，夾在互相怨懟的父母中間，經常感到左右為難，像是三不五時錦芝幫父親準備一頓飯菜，還要擔心母親知道了會不高興。所以當錦芝看到仲洵的家庭氣氛和樂親密，父母慈祥，兄友弟恭，就是那種電視上常見典型的台北中產階級家庭，家人之間互相支持，只要回到家，就感覺滿室歡笑，實在太讓錦芝嚮往了。

只是怎麼也想不到，仲洵當初最吸引錦芝的地方，在婚後沒多久，居然成為夫妻兩人最常爭吵的原因。

仲洵和原生家庭的關係親密，錦芝記得以前熱戀時約會，他總還是以家裡的事情優先，只要家人有需要，仲洵一定放下錦芝，回去幫忙。也因為和家人的感情太好，後來還產生更大的問題。

仲洵的哥哥想要創業，當初為了借錢貸款需要保人，弟弟仲洵理所當然地幫哥哥承保。結果哥哥創業失敗，留下一屁股債給弟弟，因為實在無計可施，仲洵夫妻只好接手，自己想辦法還債。即使如此，仲洵跟原生家庭的關係還是非常親近。

錦芝是高齡產子，孩子生下來之後，身體有很多狀況，經常要跑醫院。每次孩子住院，仲洵都只是去醫院看看，主要還是錦芝在照顧。仲洵工作也忙，所以錦芝從來沒要他晚上待在醫院陪孩子。

但上次公公生病，在醫院住了超過一星期，仲洵因為體諒哥哥姊姊要上班，不捨他們太過辛苦，所以從事自由業的仲洵，自願扛起照顧父親的責任，幾乎每天二十四小時都待在醫院。他頂多抽空回家洗個澡，換上乾淨衣服後，就馬上再去醫院陪伴父親，完全不管家裡還有錦芝和小孩，把整個家都丟給錦芝一個人照顧。錦芝看在眼裡，心裡很不是滋味，於是某天晚上趁仲洵回家梳洗時，跟他攤牌。

錦芝說，仲洵真的都沒有顧及自己的家庭，雖然照顧父母也是應該的，但孩子還小，也需要爸爸照顧。仲洵每天都待在醫院裡，孩子根本見不到爸爸，錦芝覺得自己根本就是偽單親。

想不到個性溫和的仲洵，那天聽了錦芝的話，難得發了脾氣，情緒化地對錦芝說：「爸爸生病已經夠讓人心煩的了，這個當下，我真的只想當爸爸的孩子，我沒有辦法照顧妳！孩子也請妳自己先照顧。」

聽到仲洵的這番話，錦芝真的被徹底打敗，勾起十幾年前大哥生意失敗、讓仲洵背上數千萬負債的往事。仲洵就是跟原生家庭的感情太好，一心一意只想著自己是爸爸媽媽的小孩，沒有想過既然已經成家立業了，自己的家庭才是最重要的責任。

傳統東方文化讓很多人只著重原生家庭，這真的是文化上的無解習題。很多男性沒有意識到自己一旦結婚生子，就要為自己的家庭負責，不能一直想回去當原生家庭的孩子。他們忘了看到，妻子和孩子也需要丈夫和父親的照顧。

其實仲洵是個溫柔又很有愛的先生，建議錦芝**不要用指責的方式表達，試著好好表達自己的感受和需求，而不是去指責對方不該怎樣或該怎麼樣**。只要充分讓對方知道你的感受和需求是什麼，像仲洵這樣的暖男老公，自然會盡量滿足。

錦芝不妨提醒仲洵，他和原生家庭的關係之所以這麼好，正是因為父母（公婆）對他們疼愛有加，付出了很多的愛。如果希望自己的孩子以後也可以享受這麼美好的家庭關係，和家人互動良好，身為父母的他們，就該給孩子足夠的關愛。

錦芝可以告訴仲洵，自己也好希望可以像他的家庭一樣，有這麼緊密的父子手足關係，而這就得靠仲洵好好經營現在的家庭，讓孩子感受到很多的愛。

或者錦芝也可以問問仲洵：「我們要如何經營跟孩子的關係，才能創造一個像你家一樣美好的家庭？」畢竟一個人和原生家庭累積了幾十年的感情，但自己和妻小的家庭卻沒有那麼久。錦芝可以讓仲洵知道自己和孩子也很需要他，試著告訴仲洵：「我們需要你看到我們，孩子也想要看到爸爸，真的很希望你也可以花些時間陪我們。」

此外，錦芝也要跟仲洵溝通金錢觀念上的差異。作保跟借別人錢是截然不同的兩個概念，作保是一旦對方倒閉了，自己需要全權負責，幫對方撐起來，所以作保承擔了非常大的風險壓力；但借錢給別人如果是量力而為，頂多拿不回借出去的資金，不至於造成個人經濟上的大災難。

家庭難題有解

1. 試著避免用指責的方式表達，像用「你爲什麼」「你怎麼會」來起頭，而改用「我希望」「我想要」來好好表達自己的感受和需求，讓對方充分知道你要什麼。
2. 表達自己希望孩子能在這個家感受到很多的愛，在美好的家庭關係中長大，身心平穩健康。所以希望夫妻能攜手同心，一起好好地愛彼此，也愛孩子。

案例2

我賺得比較多，但我不想讓先生難受

晴儀一畢業就到媒體圈工作，做了快二十年，早已經當到主管，薪水也算優渥，但媒體工作的壓力很大，工時又長，所以和遠昌結婚多年，晴儀都沒能順利懷孕。正當夫妻倆已經放棄後，晴儀居然在年過四十懷了孩子。雖然兩人都喜不自勝，但高齡懷孕、生子和緊接而來照顧嬰幼兒的巨大壓力，讓晴儀這幾年身體一直亮紅燈。

晴儀陸續被診斷出心肌無力、心臟病和胸部腫塊等病徵，幸好最後都不是要命的疾病。但這幾年不但頻繁出入醫院，還動了幾次手術，加上家庭和工作的壓力排山倒海而來，晴儀經常覺得自己就快要崩潰了。

其實晴儀何嘗不想換工作，找個時間比較規律、工時比較正常、可以多陪陪孩子的差事，自己也不必蠟燭兩頭燒。跟她同期進來的同事，還留在媒體打拚的人已經剩下沒幾個，很多人都轉做朝九晚五的上班族。媒體這麼高壓的工作，年紀越大，做起來就越吃力，新媒體、新技術、新平台一直出現，晴儀雖然工作態度積極，但和年輕人相比，總覺得自己的適應力和學習速度就是慢了一點。

問題在於幾年前，遠昌的父親經商失敗，身為長子的遠昌義無反顧幫爸爸扛下千萬債務。從那天開始，遠昌幾乎所有的收入都得拿去還債，加上他自己經營的公司其實生意也不是太好，賺的錢還沒有晴儀的薪水高，所以照顧一家三口的擔子，就整個落到晴儀的身上，使得晴儀即使工作再忙再累、壓力再大，也不可能說離職就離職。

雖然遠昌為了原生家庭，把家中的經濟重擔讓晴儀來扛，但晴儀其實很能理解遠昌，也甘願為家庭付出。看著遠昌因為經濟壓力而省吃儉用，晴儀總是很心疼，但是遠昌有時候的某些反應，卻又讓晴儀覺得錯愕。她不知道自己到底該怎麼做，才不會傷了遠昌身為男人的自尊心，又能夠讓他過得輕鬆舒服一點。

就像那天遠昌在冰箱裡看到明明牛奶還有一大半，但晴儀又買了一大罐豆漿，吃早餐時，遠昌就非常不高興地唸了晴儀一頓。雖然晴儀知道遠昌是因為對錢沒有安全感，覺得東西應該吃完再買，但明明就是小事一件，有必要這麼生氣嗎？自覺委屈的晴儀忍不住頂了幾句，結果兩人不歡而散地各自出門工作，破壞了一整天的心情。

其實晴儀的情緒能量是「感受型」，很需要跟伴侶有所連結，一起分享和討論，但是遠昌卻覺得晴儀的煩惱已經太多了，如果一直把煩心的事情拿出來講，只會產生更多負面想法，所以不如不談。

這些年晴儀常常在想，她不確定遠昌是不是還愛自己，就像上回晴儀要開刀，開刀前一天，遠昌問晴儀要不要他陪，晴儀知道遠昌很忙，就跟遠昌說她也可以自己處理。結果等晴儀從開刀房出來，發現遠昌真的沒來，那一刻她覺得既傷心又憤怒，出院之後，還為此跟遠昌大發一頓脾氣。因為如果是晴儀自己，即使遠昌因為體貼她的忙碌而說不需要陪，她還是會選擇來陪伴的，所以她會認為如果遠昌真心愛她，無論如何都該來醫院陪她。

其實男人與女人的邏輯不同。男人會覺得如果有需要，就會直接講，但女人心裡常會想著「如果你了解我……」「如果你關心我……」，覺得丈夫應該知道伴侶想要什麼。就像晴儀這幾年雖然不斷生病，但遠昌心裡一直相信晴儀一定會沒事，所以當晴儀說她可以自己處理開刀住院的事，遠昌也就沒多想，因為之前遠昌生病，也完全沒讓晴儀知道，等完成手術出院後才告訴晴儀，以免她擔心。

遠昌的情緒能量是「邏輯型」，會以解決問題為導向，所以邏輯型男生聽到太太抱怨，往往會思考：「太太很辛苦，我可以怎麼幫她解決問題，才能讓她不擔心呢？」希望幫太太找到解決之道。

問題是，太太在跟先生抱怨時，往往不是真的需要先生幫忙解決問題，而是想要被聆聽、被安慰。所以，先生如果能抱抱、親親，再跟太太說：「妳辛苦了。」多數時候太太就會感受到支持。

建議女性朋友，在**跟另一半溝通時把話說清楚**。不妨直接告訴先生：「**我只需要被理解，需要有人聽我說話，你不需要幫我解決問題。**」或是跟先生說：「**你只需要借我你的耳朵，不需要替我處理。**」或者：「**我需要你告訴我，你很心疼我，你很在乎我……**」最好把你期待聽到的台詞直接說出來，省得先生還要費心猜測，萬一猜得不對，反而讓人更生氣。

如果晴儀真的希望先生來醫院探望自己，就要表達清楚，不要心裡明明很希望先生陪，嘴裡卻說「我可以自己處理」，這樣先生怎麼會弄得清楚她的意思呢？沒有人是我們肚子裡的蛔蟲，會明白我們真正的心意，所以要把自己的需要表達清楚。

晴儀在看了《愛之語》一書後，真的是如夢初醒，原來每個人接收和表達愛的方式不盡相同。晴儀這才發現過去遠昌表達愛的時候，她都沒有收到。現在晴儀很肯定遠昌是愛她的，只是很多時候，晴儀沒能正確讀懂他的愛之語。

前陣子，晴儀看到遠昌的鞋子已經很老舊了，某天正好經過鞋店，就幫遠昌買了兩雙鞋，結果有一雙尺寸不合，隔天晴儀和遠昌只好去換鞋。過程中只見遠昌的臉色不好看，甚至說他每一雙都不喜歡，但買都買了，不能退費，只好勉強挑一雙。這讓晴儀心裡很不是滋味，覺得自己根本是熱臉去貼冷屁股。

回家的路上兩人都不說話，晴儀一直在想，遠昌為什麼不高興？難道是因為自己經濟能力比較好，讓遠昌覺得自尊受損？或者他只是對自己的無能為力感到沮喪？但回到家放下東西，遠昌就跟晴儀溝通，原來他是真的不喜歡那些流行的款式，自己三不五時也會去看鞋，但真的沒看到中意的，所以才一直沒買。遠昌知道晴儀是好意，但晴儀的好意常常造成壓力，這也讓遠昌很為難。其實伴侶間能把話說開，也就沒事了，因為自己想像的原因，往往跟真實的狀況有很大的落差。

今日的就業市場需求比較偏重服務、溝通、同理、調解、創意等偏陰性特質的能量，所以有時男人要找工作，可能比女人還困難。升職當主管的機率也是女性占比越來越高，這跟過去主要靠勞力、體力和支配能力等陽性特質能量來賺錢的就業市場相去甚遠。

根據國內外研究指出，如果男性賺得比女性多，女性往往比較願意承擔更多家務；但當女性薪水高出男性時，尤其是我們文化骨子裡的男尊女卑意識，有不少男性會自尊心作祟，無論是在家人或同儕面前都怕沒面子，覺得好像被女性凌駕於上，所以更不願意承擔家務，甚至對老婆頤指氣使，以維持男性的尊嚴和力量。

兩性相處時，男性要學習擺脫過去的文化框架，去感謝和體貼老婆的辛苦；而女性要能多多體會男性在自尊低落時，可能有的內在糾結，留意他的感受，在買東西之前，如果能跟先生商量，徵求他的意見，這樣也許會好一些。

如果女性的經濟能力比男性好，最好能多留心對方的感受。晴儀能夠覺察到先生的狀態，並且去理解各自適合的愛之語，找到更好的溝通方式，是一個很好的開始。

伴侶關係是一門很難的功課，兩個人如果能隨時溝通，一起成長，未來關係就會更穩定。晴儀其實已經做得很好了，在華人的文化裡還是有不少女性比較難接受先生賺得比自己少很多，或是先生完全無法養家。其實，家是兩個人共同組成的，如果角色換過來，男性賺得多，女性賺得少、甚至完全沒賺錢養家，大多數人會覺得根本不是問題，但為什麼倒過來就會覺得很不好呢？所以，要想辦法跳脫傳統文化的制約，夫妻才能好好相處。

♥家庭難題有解

1. 當女性的經濟能力比男性好，男性要學習擺脫男尊女卑、男主外女主內的文化框架，眞心地感謝和體貼老婆的辛苦，學習多分擔家務和照顧孩子。而女性要能多多體會男性在自尊低落時，可能有的內在糾結，留意他的感受，覺察先生的狀態，要打從心裡尊重對方，常在彼此愛的銀行存款，心才會靠近。錢賺多少跟福報（機運）有關，家人是一體的，誰賺得多、誰賺得少都不是問題，兩人是否願意彼此尊重和感恩，才是和諧之道。

2. 如果你或另一半是感受型，很需要跟伴侶分享、連結和陪伴，請參見第一部情緒能量類型——感受型人的自我修正與相處方式。

3. 如果你或另一半是邏輯型，總是以解決問題爲導向，不懂得傾聽或安慰，請參見第一部情緒能量類型——邏輯型人的自我修正與相處方式。

案例3

我說不出甜言蜜語

懷祖的情緒類型是聽覺型，個性細膩敏感，而且很體貼，一直很喜歡身體上的接觸，常常一回家就想給太太亞欣一個擁抱，亞欣卻對懷祖老是喜歡摟摟抱抱的習慣很反感，總是能閃則閃，有時難免讓懷祖覺得亞欣拒人於千里之外。

在了解懷祖的「愛之語」是「身體接觸」之後，亞欣才意識到原來懷祖是用肢體接觸來表達愛。對於自己在懷祖表達愛意時的冷淡反應，亞欣雖然覺得抱歉，但又納悶，難道只有摟摟抱抱才能傳遞愛人的心情嗎？

最近亞欣看了《刻意練習》一書，教人有意識地去特意練習某些事物或能力。亞欣一方面覺得自己也許應該為了懷祖多多練習身體接觸，但另一方面，亞欣也不免懷疑如果刻意練習身體接觸，算不算是一種別有目的的行動，而不是發自內心真正對懷祖的愛，好像不是自己真正的心意。思緒在腦海裡反覆來回，讓亞欣真不知道該怎麼做才對。

其實亞欣從小就不喜歡跟人有太多肢體接觸。小學、中學時，小女生常會一起手牽手去玩，或是談話時很自然地勾肩搭背，但亞欣從來就不喜歡這樣，總是習慣和他人的身體保持一定距離。

對亞欣來說，比起身體接觸，她更喜歡的愛之語，是伴侶用正向的語言肯定她、鼓勵她。但即使如此，亞欣也很少主動對懷祖說什麼甜言蜜語或是好聽話，她總覺得那些太過甜膩的言語，說起來太肉麻，讓人感覺尷尬又噁心，如果真要表達愛意，或許不一定要說出來，對方應該也能感受得到吧！

每個人適合的、能接收到的愛之語不盡相同，亞欣擔心刻意練習對方喜歡的愛之語，是不是勉強自己去做不喜歡的事，好像不能算是發自內心的自然情感，其實是沒必要的。她認為，如果要表達愛意，就要用對方能夠理解接受的方式，否則說得再多、做得再多，對方收不到，都是無效的溝通。就像我們的母語是中文，第二語言才是英文，但如果遇到一個只會講英文的人，就只能勉強自己用英文去溝通，不然就只能雞同鴨講了！

想用對方的語言去表達愛，這樣的起心動念正是因為愛著對方，希望能夠好好傳達自己的心意；反之，我們也會希望對方用我們喜歡的愛之語來表達對我們的愛意，不是嗎？亞欣可以練習告訴自己：「我願意去愛、願意去擁抱先生，我想讓先生知道我真的很在乎他、很愛他。」

雖然聽覺型的人喜歡正面肯定的言語，但未必只有甜言蜜語才能傳達愛意。正面肯定的話可以透過說出一個事實，告訴對方他做了什麼讓自己很高興的事，這也是一種愛之語。例如，那天懷祖開亞欣的車出去買東西，看到車子的油已經快用完了，懷祖知道亞欣常粗心大意忘記加油，所以特意繞路去加油站把油加滿；隔天一早，亞欣上班快遲到了，又擔心車子沒油，結果上車看到油箱已經被加滿了，她知道是懷祖貼心幫忙，所以用ＬＩＮＥ傳訊給他：「謝謝你幫我把車子的油加滿！」然後還難得地附上一個「love you」的貼圖。懷祖一看到，馬上回一句「我也愛你」。亞欣知道懷祖看到貼圖很高興，也開始理解，好聽的話不一定都要肉麻兮兮，也可以簡單明瞭。

其實很多人都不太擅長說好聽的話。華人文化鮮少鼓勵大家把愛意說出來，好像覺得愛用說的，就會顯得有些矯情，但**其實很多甜言蜜語都是從感謝的話語開始。每個人都需要被肯定，說出謝意，就是表達愛意的一種方式**，人和人之間的感情流動，可以從這裡開始。

如果你是聽覺型的人，不妨試著把自己想聽的話直接告訴伴侶，讓對方知道你的需求，反而能更有效地讓彼此的感情流動。

當然，也有些人的愛之語不是用語言傳達，這時可以去觀察另一半喜歡的愛之語是什麼，看看對方是用什麼方式來表達他／她的愛意。還有，也多加覺察當自己用什麼方式表達時，對方的回應會很開心、很強烈，那往往就代表伴侶接收到我們想傳遞的情感，並且也樂在其中，日後就可以經常用這種方式向對方表達愛意。

♥家庭難題有解

1. 每個人的愛之語不盡相同，用對方能夠理解且喜歡的方式去表達愛，才能讓溝通有效。
2. 聽覺型的人喜歡正面肯定的言語，但未必是肉麻的甜言蜜語，而是能夠用心去看到對方的付出、努力或良善的行爲等，而給予正面的肯定。很多讓對方感到甜蜜的話都是從感謝的話語開始，透過說出謝意來表達愛意，人和人之間的感情就會開始流動。

3.聽覺型的人不妨把自己想聽的話，直接告訴伴侶，讓對方知道自己的需求。

案例4

我得這麼強勢才能活下來

萌惠從小就跟爺爺、奶奶，還有叔叔、姑姑一起生活，雖然在家中輩分最低，但她從小就很強悍，有時候叔叔、姑姑和爺爺、奶奶起爭執，萌惠還會跳出來指責叔叔、姑姑的不是，強勢主導家中的決定，連長輩都要聽她的。

萌惠的爸爸媽媽在她很小的時候就過世了，她從小就覺得自己雖然沒父沒母，一點也不會輸給那些父母俱在的孩子。為了證明自己，萌惠一向比別人努力，只要自己做得到的事，絕不假手他人。她甚至認為自己可以替代父親扮演爺爺、奶奶長子的角色，無論是叔叔或姑姑，只要誰做得不好，被她指責都是理所當然的。

萌惠與俊明結婚之後，一直有很多爭執，直到這幾年，萌惠開始強烈意識到自己跟男性之間的相處大有問題。俊明是個老實不多話的工程師，個性溫和，也很愛孩子，但萌惠老是看不慣俊明做事不積極，又缺乏強烈企圖心，這一切都讓萌惠覺得「與其靠老公，不如靠自己」。

也因為如此，家中大小事萌惠都想辦法一肩扛起，什麼決定都不跟俊明商量，俊明總是事後才知道，但很多時候又不認同萌惠的選擇或做法，於是夫妻倆經常起口角，甚至吵了好多次要離婚，最後還是為了孩子才勉強維持婚姻。俊明也不是那種會氣很久的人，所以即使夫妻感情不好，還是一起走到現在。

萌惠常覺得俊明的防備心很重，對她很冷淡，每次在街上萌惠想牽俊明的手，他總是敷衍地握了一下，隨即很快放開，這讓萌惠感覺俊明好像有意無意地把自己往外推。

上次俊明出差回來，萌惠告訴俊明她想要抱一下，結果俊明抱了兩秒，拍了萌惠兩下就想推開。這讓萌惠很不開心，直接對俊明說她又不是小孩子，可不可以好好抱著她，不要只是哄一哄、拍拍背，能不能好好地擁抱她一分鐘就好。雖然俊明照著萌惠的要求做了，但萌惠還是感覺俊明完全是被動的，這個婚姻好像只有自己在努力維繫，有時候真的好累、好吃力。

萌惠雖然留著一頭長直髮，給人的感覺卻非常陽剛，從能量場上也看出萌惠的陽性能量太強，凡事都要當老大，經常用對待小孩的方式對待俊明，幾乎到了無法無天、任意妄為的程度。

萌惠這種態度當然讓俊明感覺很不舒服，好像自己做錯了什麼事，從來就得不到太太的尊重。既然萌惠那麼能幹，什麼都要以她的意見為主，俊明做得再多也不會得到支持，他自然沒有動力想扛起更多責任，無法站在一家之主的位置上。

萌惠如果希望改善自己和先生的關係，一定要退回自己的位置，一個人如果位置站錯了，到哪裡都會出問題。萌惠首先要跟姑姑、叔叔這些長輩說對不起，只要想像叔叔、姑姑就站在眼前即可，不用真的面對面。萌惠彎身鞠躬，伸出雙手恭敬地對叔叔和姑姑說：「叔叔、姑姑對不起，我是晚輩，我的位置在你們之下，我不該指責你們對阿公、阿嬤不孝；事實上，我也對你們不夠恭敬，所以問題是出在我身上。我願意學習對你們保持尊重和恭敬，退回我自己的位置，謝謝你們。」

再者，萌惠把先生當孩子來教，沒有給他該有的尊重，夫妻感情當然不會好，所以俊明越來越沒力。萌惠要想著俊明站在面前，對俊明說：「謝謝你，你是值得被尊重的。我是你的太太，我會學著尊重和支持你。你是一個很棒的爸爸，也是一個很棒的先生。」在外面工作時，萌惠可以是個女強人，但回到家裡一定要溫柔和善，夫妻關係才能和諧。

做一個嬌柔的女性，展現女性能量，先生就會願意站回自己的位置。如果女性太過強勢，男性自然就會變弱，這其實也是選擇，沒有對錯，問題在於如果萌惠選擇當一個強勢的太太，卻又期待俊明要扛起家中責任，就只會不斷失望，夫妻關係越來越疏離。萌惠要看清楚自己的強勢是俊明弱化的根本原因，因為只有變得軟弱，俊明才能配合萌惠的強勢。

想要找回陰性／女性能量，可以時常練習扭動屁股的舞蹈或運動，例如試著用屁股畫出無限符號「∞」；也可以在走路時，想像自己穿著長裙襬的新娘禮服，讓每個步伐都能帶動臀部跟著扭動；或是把右／左手從左／右側腋下向下畫到腹部子宮的位置。這些能量運動都有助於找回女性能量，此外，跳舞也是引導女性能量一個很好的方式。

至於萌惠覺得自己為俊明、為了這段婚姻，做了好多努力，也犧牲很多，可是俊明都視而不見，甚至毫不在意，好像只有自己一個人在跳雙人舞，因此覺得委屈。事實上，很多時候我們會為了讓對方愛我們而刻意去做一些事情，

但凡帶著期待或有目的去做某些事時，一定會覺得心累。

萌惠必須先調整心態，明白無論為了什麼人、做什麼事，都是因為自己享受去做這些事情的過程，是發自內心地喜歡做這些事情。就像媽媽很愛孩子，所以為孩子準備便當、做晚餐，在採買食材、烹煮的過程中，就已經得到很大的滿足；至於孩子會不會因為媽媽做便當或煮飯而更愛媽媽，或是孩子覺得便當、晚餐是不是真的很好吃，都不是媽媽需要去在意的事，否則就是在討愛，而不是發自內心真正想為對方服務。

♥家庭難題有解

1. 女性太過強勢，凡事都要先生配合，先生就會沒有扛起責任的動力。如果希望改善夫妻關係，在原生家庭裡，要站在自己的位置，因爲一個人如果位置站錯了，心態就會不正確，到哪裡都會出問題。
2. 女性太過強勢，男性自然就會變弱，這是選擇，沒有對錯。但如果選擇當一個強勢的太太，又期待先生扛起責任，夫妻關係就會越來越疏離。

3. 但凡帶著期待或目的去做事，一定會心累。必須調整心態，讓自己無論爲誰做了什麼事，都是因爲享受做這些事情的過程，而且是自己的選擇，是發自內心眞正想爲對方服務而做的。

案例5

我的軟弱才讓先生那麼強勢

麗虹總覺得自己在家裡永遠是最弱勢的人，先生國棟是個傳統大男人，什麼事都要在他的控制之內，家中大小事都要聽他的。

兩個孩子從小就對爸爸國棟非常敬畏，有什麼事都不敢找爸爸商量。國棟就連對太太麗虹也像是管孩子一樣，要麗虹以他的意見為主，而麗虹總是覺得家和萬事興，所以對於國棟的要求，她都照單全收，使命必達。

麗虹的父母感情不太好，三天兩頭就吵架起衝突，小時候麗虹很受不了家裡劍拔弩張的氣氛，總覺得好像下一秒就要開戰了，所以她暗暗許願，日後結婚成家，一定不要像媽媽這樣跟爸爸吵架，她要做個溫柔和順的妻子。也許是這樣，即使國棟再強勢，只要稍不順他的意就會生氣發火、大聲喝斥，麗虹也只能忍耐，因為她不斷告訴自己，要當個好太太，也要當孩子的好榜樣。和先生吵架口角是很壞的示範，她不想讓孩子像她小時候一樣，一回家就覺得很煩、很吵，既討厭又無奈。

雖然國棟的脾氣不太好，又有很強的控制欲，但其實很有責任感。這些年為了做生意，台灣、中國兩地來回跑，他為了賺錢養家，再辛苦也沒有怨言，麗虹看在眼裡既心疼又感激，所以對於國棟的壞脾氣和沒耐心，更覺得自己應該多多包容。

只是以前孩子小，爸爸說的話就像聖旨，沒人敢有意見；但現在孩子大了，很多事情會有自己的想法，常常問麗虹可不可以這樣、那樣，麗虹總是要他們去問爸爸，因為就算媽媽同意，只要爸爸不答應，最後也一定不可行。但是孩子總是告訴麗虹，問爸爸也沒有用，因為爸爸永遠都只會說「ＮＯ」！與其被拒絕還要被訓一頓，不如乾脆不要問，還省得被罵。

接觸能量醫學和正念溝通後，麗虹開始試著用不同方式跟國棟溝通，讓自己不被國棟強硬的態度嚇阻，以致什麼都不敢說。麗虹要國棟測測看自己是什麼情緒類型的人，原本很排斥的國棟，在麗虹的堅持下，終於妥協地做了測驗。原來國棟是視覺型的人，難怪常常看到別人做不好的地方，老是指責對方有錯。

因為決定要調整和國棟的溝通方式，麗虹不再像以前一樣，有意見也不敢說。雖然還是好聲好氣，但麗虹總會想辦法讓國棟知道她的想法，國棟也察覺到太太跟以前不太一樣了。以往國棟很常指責麗虹或孩子，老是把「你錯了！」掛在嘴上，一直不停挑毛病，什麼都看不慣；但最近國棟開始轉變，不但願意聽麗虹把話講完，姿態也變得比較柔軟。

那天麗虹告訴國棟，孩子大了，有自己的意見，如果不尊重他們的看法，孩子就會不想跟父母商量事情。麗虹把孩子說的話告訴國棟，國棟很驚訝，原來他的嚴厲與威權，已經讓孩子拒絕跟他溝通了。

現在國棟只要在台灣，就會盡量找機會和麗虹相處，例如陪麗虹上市場買菜，或是飯後和麗虹出門散步聊天。以前兩個人一起上街，國棟總像衝鋒陷陣一樣拚命往前走，根本不管麗虹能不能跟得上；個子小的麗虹為了追上國棟，就得連走帶跑，搞得氣喘吁吁，不懂為什麼國棟要這麼急，把日子過得這麼緊張。但現在麗虹不再看著國棟的背影猛追，如果國棟又一個人往前疾走，麗虹就按照自己的速度前進，看到什麼有意思的店或路邊漂亮的小花，想停下來就停下來，反而是國棟發現怎麼沒看到太太，會開始回頭張望，等麗虹跟上來再一起走。以前麗虹牽國棟的手，國棟都沒感覺，但現在國棟不但會主動牽起麗虹的手，還會親暱地勾著麗虹，讓她很感動。

有一天國棟很晚才下班，麗虹等門等到十二點多。結果臨睡前，國棟突然抱住麗虹，跟麗虹說對不起，說他的個性太過剛強，讓家裡的人這麼難過，他真的很抱歉。他決定做出改變，不再像以前那麼強勢難溝通。

國棟的改變讓麗虹很感動，也非常高興。其實從能量場上可以看到，國棟有一部分的剛強是因為麗虹的無力軟弱造成的，麗虹整個人幾乎呈現癱軟狀態，才讓國棟覺得自己一定要勇敢擔起所有責任；而當麗虹開始把自己的力量找回來，勇於表達，國棟就可以不必那麼強硬，可以示弱，可以柔軟。所以麗虹也要跟先生說：「謝謝你，你的剛強有一部分是因為我的軟弱造成的，現在我也要承擔起我的責任，要看到自我的內在力量，讓你不需要扛得那麼辛苦。我們可以共同創造更好的家庭氣氛，做出相應的調整。謝謝你現在變得更柔軟，我也要開始找回力量。」

國棟和麗虹的關係在心念改變的當下就開始變動，而一旦父母的關係愈加親密和諧，孩子一定可以感受得到，家庭氣氛也會跟著越來越好。

很多時候孩子有狀況，問題很可能不是出在孩子身上，而是跟父母有關。

過去國棟都是發號施令的人，全家人都要聽他的指令，去執行他交辦的事情。雖然看起來好像大家都是被國棟操縱，但其實包括麗虹和孩子，也是自己選擇被操縱，選擇由別人去承擔自己應負的責任。所以，問題不會只出在單一個人身上，而是每個人共同創造的結果。

該說的話就要學習理直氣壯地好好表達，不要等到忍無可忍才爆發出來，或老是讓別人為自己做主，這樣其實也是在推卸自己該負的責任。

♥家庭難題有解

1. 跟態度強硬的家人溝通時，不要被嚇得什麼都不敢說，該說的話就要理直氣壯地表達。試著用堅定但溫和的方式溝通，不要等到忍無可忍才一次大爆發，這樣很容易造成爭吵衝突，難以達到雙贏溝通。
2. 很多時候孩子有狀況，可能跟父母有關。一旦父母關係變得和諧，孩子一定可以感受得到，家庭氣氛就會跟著慢慢變好。

3.發號施令的人看似在操縱他人，但其實被操縱者選擇由別人承擔自己的責任，讓別人爲自己做主。這是推卸自己該負的責任，因此問題是雙方共同創造的結果。

案例6
暖男有外遇

淑貞跟文強結婚多年，兩個小孩也都大了，但這幾年夫妻的感情卻越來越淡，甚至一看到文強，淑貞就有一股氣。兩人單獨相處的時候，頂多講講孩子的事，很快就陷入沉默，幾乎沒有什麼交集。

雖然很多人都說老夫老妻本來就沒什麼激情，但淑貞心裡知道，其實自己一直沒有從幾年前文強的外遇事件中復原。雖然文強被發現有外遇時，第一時間就很誠懇地跟淑貞道歉，也馬上跟小三斷絕往來，但淑貞受到的傷害實在太大，直到現在，她只要想到這件事，還是會心痛得不能呼吸。

淑貞盡心盡力為家庭奉獻，上有公公婆婆要照顧，下有兩個孩子要教養，自己還是職業婦女。但即使上班很累、很辛苦，還是把家打理得井井有條，全家人的食衣住行樣樣都是淑貞一手操辦，為的就是讓文強無後顧之憂地在外打拚，結果文強就是跟同事出去唱歌應酬時，在交際場合認識了外遇對象。

淑貞真的不知道自己做錯了什麼，這些年來一直恪守妻子的本分，別說去外面認識異性朋友，就算是跟工作場合中的男性互動，淑貞也小心謹慎，幾乎不談公務以外的事情，更不可能跟著一大群人去唱歌跳舞。

對淑貞來說，聽到音樂就扭動腰肢、舞動身體的女人，實在是既不莊重又三八，良家婦女絕對不可能做這些事。淑貞自認文強會娶她，就是看上她有傳統婦女三從四德的賢淑特質，結婚這麼多年，文強也一直是個脾氣好、有責任感，孝順又顧家的好兒子、好先生、好爸爸，哪裡想得到他居然會看上那種活潑愛玩、打扮入時的輕浮女人，真的讓淑貞越想越心酸。

人之所以會外遇，主要有兩種情形，一是伴侶之間早就沒有愛的互動，例如很多女性在有了孩子這個「新歡」之後，眼中就再也看不到先生，夫妻之間缺乏愛的交流，所以先生很容易就被其他女人吸引。二是在傳統文化教育下，很多男性容易跟自己失去連結，像是男兒有淚不輕彈，或是男子漢大丈夫應該天不怕、地不怕，這些教條容易讓人身心脫離，使得男性感受不到自己，自然也就感受不到其他人。所以外遇對很多男性而言，是完全感受不到這可能帶給太太的痛苦，只是因為覺得新鮮好玩、逢場作戲、釋放壓力，反正並沒有要為了外遇對象跟妻子離婚，也不會因此而感到內疚。

我們的文化教育裡，從來沒有教過我們如何選擇一個適合自己的結婚對象，擇偶常常只是以社會價值或外在條件為標準，自己真正喜歡的特質並不在考慮之列。所以，有很多男性在找老婆時，挑的是端莊賢淑的女性，具備溫良恭儉讓、不多話的特質，認為這樣才適合持家，可以教養好下一代，但他內心卻嚮往風情萬種、身材火辣、穿著性感、風趣健談的女人，因此婚後外遇的對象和家裡的妻子可能截然不同。

每個人有自己的浪漫情懷和愛的語言，宜室宜家、賢良淑德的女性，雖然適合相夫教子，但如果一名男性喜歡唱歌跳舞、風花雪月、談天說地，娶的太太卻總是關注柴米油鹽、洗衣燒飯，他自然很容易被外面懂情趣的女性吸引。

淑貞應該去了解文強喜歡的愛的語言是什麼，去看看當初吸引先生的第三者有什麼特質，然後想想自己有沒有可能開發那樣的特質。我們經常會被一些外在框架所限制，認為好女人應該如何如何，但誰說溫良恭儉讓的女人不能同時風情萬種？如果真心想要在一起長長久久，不妨試著去開發更多的可能性，讓自己也可以展現伴侶喜歡的那些特質，同時也讓伴侶知道自己欣賞和喜歡的特質是什麼，這樣兩個人相處起來會更有吸引力和魅力。

此外，在文強外遇之後，淑貞覺得自己再也無法信任文強，她不知道怎麼去除對先生的不信任感。說起來，**「不信任感」只是一種想法，在我們腦子裡不斷編造故事，一旦相信這些故事，就無法信任伴侶**。其實，**人與人只有當下的相處，專注在當下的相處時並沒有任何的故事，更沒有信任或不信任的問題**。我們在跟另一半相處的時候，可以把注意力放在感受自己和感受對方，選擇好好跟對方相處，選擇享受跟對方在一起的過程。我們不要讓自己被「清白」或「背叛」的概念所限制，因為每一個人累生累世以來，都跟無數的男女有過關係，在能量場上沒有一個人是完全清白純真的，也沒有一個人是從頭到尾就只守著一個人。每一個人與人之間的相處就只有當下，其他都只是記憶中和想像中的情節罷了。

從能量場去看淑貞跟文強的互動，會發現淑貞過去把專注力都放在孩子身上，不理會文強時，文強是拚命追著淑貞跑的；但是當文強外遇後，淑貞想回過頭來看著文強，文強卻又別過頭去，因為淑貞雖然在看文強，但心心念念想著的，卻是要監視文強，看他有沒有繼續跟第三者往來。而第三者卻懂得把焦點放在文強身上，讓文強感覺被重視、被在乎。這也是為什麼生活中淑貞也曾試著跟文強多互動、多連結，文強卻很抗拒，因為他的感受是被監視，而不是被看到。**監視和看到在能量場上有很大的差別，監視的背後是不信任和管控的心能量，而看到的背後是愛和關注的心能量。**

淑貞應該試著把焦點多放在關心文強，要打從心裡願意跟他相處，因為文強還是愛著淑貞的，也想跟她好好相處。文強是個暖男，暖男本來就因為貼心而容易受歡迎，淑貞應要慶幸自己早一步成為文強的伴侶。跟文強相處時，要懂得肯定他，了解他的貼心，多抱抱親親，不要老是躲得遠遠的。文強需要被肯定，他的愛的語言是肢體的接觸，所以很需要肢體上感受到親密和被愛，如果連看都不看或碰都不碰，關係怎麼會好？

當然，文強也有他的功課要學。因為不懂得拒絕別人，有時候別人刻意接近，就很難招架，所以他要學習說不。他也要真心地跟淑貞道歉和懺悔，要誠心地願意改過、不再犯，這樣淑貞才能打開心重新信任他。

當然，最重要的還是淑貞和文強之間的連結，只要連結夠強，別人就沒有見縫插針的機會，否則擋了小三，還有小四、小五……淑貞怎麼擋得完？

我們請淑貞想像文強就站在面前，對著文強說：「對不起，我沒有真正地看到你，我只是一味地防堵。謝謝你的外遇，讓我終於可以正視我們之間的問題，我願意學習看到你並且珍惜你，謝謝你給我的愛。你也是一個很棒的先生，很抱歉我老是嫌你，你是一個暖男，暖男人人都欣賞，人人都愛，我應該要好好珍惜你。」

此外，也請淑貞想像自己對著小三說：「謝謝妳那麼欣賞和真心對待我的先生。我現在看得到他了，他是我的先生，我會看到他和珍惜他。我會祝福妳找到適合妳的對象，也請妳祝福我們。」

最後，淑貞也要多多展現溫柔，跟先生擁抱、牽手。愛的語言要主動去為對方做，才能在愛的帳戶中不斷累積存款。淑貞可以常常扭腰，不時練習用屁股畫出無限符號「∞」的動作，甚至可以去學學跳舞，都有助提升女性能量。

家庭難題有解

1. 出軌的原因很多：有的是喜新厭舊，有的是心早已不在彼此身上，有的是內心空虛等。可以用這樣的機會去重新認識彼此的關係，更加了解自己和對方。不需要急著談論原諒與否，但要好好學習愛自己和被愛，重新跟彼此相處。
2. 不信任感是一種想法，是大腦編造的故事，人與人專注在當下的相處時，是不會有任何故事，更沒有信不信任的問題。試著把注意力放在感受自己和對方在一起的過程。
3. 女性在家中不妨多展現溫柔，常跟伴侶擁抱、牽手。常常練習扭腰和用屁股畫出無限符號「∞」的動作，也可以去學跳舞，都有助於提升女性能量。

案例 7

舊情人的能量糾纏

明珠和高三的大兒子晨皓關係緊張，每次明珠開口說話，晨皓不是裝做沒聽見、不回應，就是冷眼看著明珠，然後不發一語地進去自己的房間。

對於大兒子這樣排斥媽媽，明珠其實既氣惱又傷心。儘管如此，明珠還是很擔心晨皓，因為他整天不是看電視，就是滑手機，就連假日也都在家耍廢。好幾次連明珠的婆婆都看不下去，一直問明珠，怎麼晨皓這麼懶散，一點也不像年輕人，既沒見他有什麼朋友，也沒什麼興趣嗜好，整天不是躺在床上就是癱在沙發上，真讓人看不慣。

明珠被婆婆這麼一唸，壓力也很大，覺得晨皓再這樣下去實在不行，所以就唸得更兇，結果只是讓自己跟晨皓的衝突越來越大。雖然明珠知道晨皓很討厭媽媽緊迫盯人，但她又覺得如果放任不管，任由晨皓再這麼整天滑手機、看電視，到最後眼睛一定會壞掉，所以明珠只要看到晨皓，就搬出那套千篇一律的教訓，結果當然只惹得晨皓更不開心。

明珠也為了晨皓的事，跟先生有很多摩擦。有天晚上晨皓補習回來已經十點多了，先生想說兒子上了一整天的課，肚子一定很餓，於是把晚餐沒吃完的雞肉拿出來給晨皓當宵夜。這實在讓明珠氣壞了，因為晨皓的腸胃一向不好，動不動就鬧肚子痛，都已經這麼晚了還吃這麼難消化的食物，等一會兒兒子又要不舒服了。

於是明珠不准晨皓吃爸爸拿給他的雞肉，但正想大快朵頤的晨皓，看著宵夜被媽媽硬生生端走，又累又餓的他當然很生氣，母子為了宵夜又槓上了。最後明珠氣得丟下一句：「明明常常肚子痛，這麼晚了還在吃這些難消化的東西！」然後轉身就走。而始作俑者老早就進房間睡了，根本都不知道自己的好意，居然讓老婆和兒子又吵了起來。

雖然如此，明珠反而覺得後來的兩天晨皓講話的態度比之前好了許多，不再那麼不耐煩。週末全家去餐廳吃飯，下車時明珠看到車子很髒，隨口問了一句：「回去要不要幫媽媽洗一下車啊？」沒想到晨皓回去真的把媽媽的車洗得乾乾淨淨，明珠心裡非常高興，因為兒子好久都沒幫她做什麼事了。雖然如此，明珠卻只是淡淡地跟晨皓說了聲謝謝。

孩子一旦進入青春期，父母就很難干涉太多，孩子會越來越有自主性，只有自己管得動自己。但當孩子為父母或家人做了一些事情或服務，一定要讓孩子知道他們做的這些事，讓爸爸媽媽很高興，對整個家的意義很大，這樣孩子才有歸屬感，會有動力繼續幫忙。

青春期的孩子，尤其是男生，往往食量很大，肚子很容易餓，上了一整天課，一定想吃點宵夜。雖然明珠是出自關心才不讓晨皓把雞肉當宵夜，但可以更有技巧地溝通表達。例如，先肯定先生的體貼，可以跟晨皓說：「爸爸真好，都會關心你肚子餓不餓，但是這麼晚了吃肉很難消化，不然媽媽去煎個蛋，或是煮碗麵給你吃，好嗎？」要去看到爸爸對孩子的愛和關心，不要否定別人的付出，這樣相信晨皓就比較能理解媽媽的苦心，也能看到父母的愛和關懷。

明珠也可以提醒兒子，這麼晚了吃雞肉不容易消化，所以要咀嚼得細一點，或是提醒兒子不要吃太多。用這樣的口吻和說法，晨皓才會覺得媽媽是在關心他，先生也會因為自己的好意被明珠看見而覺得很歡喜，整個家庭氣氛和樂。

說什麼或做什麼時，一定要留意表達方式是否會讓別人感覺帶有憤怒和批判。如果帶著憤怒和批判，我們的努力就會得到反效果，對方也很難感覺你在愛他，反而會覺得你只是想要管控他，結果好意卻造成誤會，實在得不償失。

其實**很多時候只要用不同的說法或做法，結局就會截然不同。同樣要說一句話，何不把自己的關心表達出來？**父母在跟孩子講什麼或提醒什麼前，可以想想自己要說的話是不是出於恐懼和擔憂，如果是，那就先hold住，調整一下用詞和語氣，再把話說出來。

人和人的應對如果一開始能用柔軟的方式交流，彼此就不會有怒氣；但如果一開始就用強硬的方式，那麼對方自然會回以抗拒的態度。**如果有意見相左的事情需要溝通，不妨先從感謝開始，讓對方放鬆，一起思考有沒有一個彼此都能接受的解決辦法。**特別是我們很容易對親密的家人毫不修飾地直接做出強烈反應，對朋友再怎麼樣也還會客氣一些，態度有所保留，所以家人間很容易起爭執就是這個道理。

晨皓的無力與散漫，跟在能量場上看到的另一個男性有關——明珠真心相愛過的初戀男友。雖然兩個人早已分手多年、各自嫁娶，但彼此的心裡並沒有真正放下，對明珠來說，初戀男友也的確是心底最愛的那個人。

如果在做愛時，一方的腦子浮現的不是當下在一起的這個人，而是過去伴侶的影像或模樣，又或者嫁娶的並非自己心裡的最愛，或最想發生性行為的那個人，那麼在這種情況下誕生的孩子，容易在心裡帶著父母前伴侶的能量，產生連結。這樣的孩子潛意識會覺得混淆，內在感到無力，甚至會討厭或抗拒現在這個伴侶（父母其中一人）的能量，因為他不知道誰才是爸爸／媽媽。

我請明珠想像自己對初戀男友說：「謝謝你。我曾經愛過你，你也曾經愛過我，謝謝你的愛。我心裡記得你，也有一個你的位置，但我已經結婚，有了先生，請你祝福我，我也會祝福你，找到適合你的伴侶。」然後用自己的心念，去切斷兩人之間的伴侶連結。

曾經在一起的兩個人，分開後最好都能真正放下對方，互相祝福，切斷伴侶連結，才能各自邁向自己的人生道路，找到下一個適合自己的伴侶。

♥家庭難題有解

1. 當父母帶著憤怒和批判的情緒去表達時，孩子無法感受到被愛，只會覺得厭惡和想要逃避。父母在跟孩子講話前，先想想要說的話是不是出於恐懼和擔憂，如果是，就先調整一下自己的情緒，還有說話的用詞、語氣，再把話好好說出來。

2. 做愛時，一方想的若不是當下在一起的人，而是過去的伴侶，這樣誕下的孩子，容易帶著父母前伴侶的能量，導致孩子潛意識混淆，內在無力。因此伴侶分手，最好眞誠地祝福對方，然後用心念切斷彼此之間的伴侶連結，好好道別。跟現在的伴侶在一起時，要專注跟對方相處，不要身體跟著現在的伴侶，心裡卻想著過去的伴侶。

3. 當孩子爲父母或家人服務，一定要讓孩子知道他們做的這些事，讓爸爸媽媽很高興，對家人的意義很大，孩子才有歸屬感和動力繼續幫忙。

案例8

我可以有意見

齊晉是個好先生，也是個好爸爸，個性溫和的他，每次和太太秋瑩意見相左，最後往往都會讓步。就算再不開心、不樂意，他最後也總是妥協地說：「妳決定就好。」極少堅持己見，就由著秋瑩照她的意思去做。

但齊晉偶爾也會有過不去的地方。

週末全家人安排了一趟國內旅行，秋瑩早早就跟齊晉說好，這次要讓齊晉開車，相關的交通動線都讓齊晉來規畫，她只負責訂民宿，張羅全家的行李。分工完成後，齊晉花了不少時間研究地圖，甚至在腦海裡仔細搬演過該怎麼走才最省時、快速。他有把握可以順利把家人及早帶到目的地，好好地享受難得的假期。

當天一家四口大清早就出門，才剛離開台北市，秋瑩就開始問齊晉要怎麼走。齊晉知道秋瑩一向意見很多，所以就有點開玩笑地問她：「妳不是說我負責開車，該不會妳又有意見了吧？」秋瑩聽了之後就沒再多問。

但等到車子下了交流道，開始找民宿地點時，秋瑩看到路邊的指標，順口問了齊晉：「咦？是不是要在這裡轉彎？」齊晉正想著要不要轉彎，聽到秋瑩的話，心裡突然升起一把無名火，覺得秋瑩實在太不尊重他了，於是對著秋瑩大聲喝斥：「妳不要再意見這麼多了！」

秋瑩原本只是好意提醒，實在不知道齊晉幹嘛這麼生氣。自己莫名其妙被齊晉大小聲，難得一家人出來玩的興致，頓時被憤怒委屈取代，她真不知道招誰惹誰了。

其實齊晉自己也不知道為什麼會這麼生氣。結婚這麼久，他早就習慣秋瑩意見很多，問題是秋瑩明明自己說這次要讓齊晉全權負責開車，為什麼還要一直下指導棋？從頭到尾都是齊晉在看地圖，他也在腦子裡走過路線好幾次了，秋瑩只不過是看到一個路標，就說要走這走那，實在太不尊重人了。

齊晉的反應之所以這麼強烈，並不是秋瑩真的做錯什麼，而是秋瑩的反應讓齊晉無意識中想到過去在原生家庭的成長經驗。

從小到大，無論齊晉有什麼意見，爸媽總是不予採納，甚至根本不准齊晉有自己的意見。久而久之，齊晉習慣做一個沒意見的人，對於總是意見很多的人，也會在心裡不斷批判對方和生悶氣。

雖然秋瑩是個很有主見的人，但齊晉個性溫和，兩個人一剛一柔，互補的個性在相處上並沒有太大的問題，這次卻因為齊晉小時候的創傷在不知不覺中被勾起，讓他把氣發到秋瑩身上。所以齊晉不許秋瑩有意見，他真正抗拒的對象其實並不是秋瑩，而是自己的父母。

齊晉首先要與父母和解，然後跟自己和解，才能夠解開與其他關係的糾結。當齊晉無法對自己的父母說「不」時，便轉而不允許自己的太太說「不」，也不允許孩子說「不」。秋瑩其實只是問了一句：「要不要轉彎？」一般人並不會因此而抓狂，齊晉的抓狂點是來自過去自己的意見不被具有權威性的父母尊重，甚至不被允許表達，所以當秋瑩提出疑問時，齊晉也覺得自己的權威不被尊重，甚至被否定，才會生這麼大的氣。

我們請齊晉想像父母就在面前，恭敬地對父母說：「謝謝爸媽生我、養我、教導我，我已經長大了，當然可以有不同的意見。我尊重你們的意見，也請你們尊重我的意見；我會學習去聽你們的建議，也請你們聽到我的想法，然後我會做自己想要的決定，不管你們是否同意，請你們祝福我。謝謝爸爸媽媽，我會學習該說『不』的時候就說『不』，也會學習對你們表達我真正的想法。」然後把父母的祝福收進來。

很多時候，我們的情緒源自原生家庭帶來的問題，衝突當下可能會突然冒出很多畫面，連帶地勾起過去不愉快甚至被否定的感覺。

其實就算有人和我們意見不同，也只是對方的想法跟我們不一樣，跟是否不尊重我們，或是不是在挑戰我們的權威，完全是兩回事。即使對方不認同我們的意見，也不表示他不認同我這個人，就像秋瑩並沒有否定齊晉，她其實也知道齊晉很認真準備交通路線。

齊晉要學習去看到這一點，如果還是感覺憤怒或不被尊重，可以用平靜三焦的能量運動（雙手的大拇指放在兩邊太陽穴，其他手指放在前方額頭中央），來處理腦海中浮現曾經被父母禁止有意見的畫面或感受。常常練習處理這樣的感受，等到下次秋瑩又有不同意見時，齊晉才不會抓狂，頂多停下來回想自己當下的情緒是什麼，釐清後就不會動怒，因為創傷早已痊癒。

情緒心念的威力既強大又直接，即使放在心裡沒有說出來，也會展現應有的力道；一旦心念開始改變，原本糾結的能量場就會開始鬆動。重點在於持續不斷地覺察，讓自己的心念有意識地往想要到達的方向邁進。

♥家庭難題有解

1. 很多時候，我們的情緒源自原生家庭帶來的問題，所以要先跟父母和解、跟自己和解，才能夠解開與其他關係的糾結。
2. 有人和我們意見不同，只是他的想法跟我們不一樣，與他是否尊重我們無關。
3. 若感覺憤怒或不被尊重，可以用平靜三焦的能量運動，來處理腦海中浮現不被尊重的畫面或感受。
4. 情緒心念的威力既強大又直接，即使沒有說出來，也會展現應有的力道。

5 親子教養

案例 1

尊重孩子和不同對象的相處模式

詠淳三年前離婚了，帶著才滿五歲的女兒卉卉回娘家跟爸爸媽媽同住，這樣爸媽可以幫忙照顧女兒，詠淳才能兼顧工作和家庭。

卉卉是個貼心的孩子，也許是因為父母離婚的關係，比起同齡的孩子，卉卉算是非常懂事。詠淳平常對卉卉也滿有耐心的，不過五歲孩子常有講不聽的時候，要是又碰上詠淳工作忙，難免對卉卉不耐煩。

每次詠淳的口氣比較嚴厲時，敏感的卉卉就會小心翼翼地問詠淳：「媽咪，妳愛我嗎？」好像要一再確定媽媽是愛她的，不然怎麼會生她的氣。只是有時詠淳的情緒上來，一時半刻無法打住，如果繼續叨唸卉卉的不是，卉卉就會用手把耳朵摀住，這常讓詠淳不得不停下來思考：「卉卉想表達的到底是什麼？」但詠淳一直沒有找到滿意的答案。

因為工作的緣故，有時候詠淳必須帶著孩子一起去公司。為了讓一個五、六歲的小孩能待在室內空間裡自己安靜玩耍，好讓媽媽可以專心處理公務，3C產品往往成為父母的最佳保姆。

詠淳會拿平板電腦去轉移卉卉的注意力，給她看些動畫或兒童節目。後來詠淳發現，卉卉很聰明，只看過幾次媽媽用手機語音搜尋的功能開啟一些服務，居然很快就學起來了。但有時候卉卉也會趁媽媽沒留意，自己胡亂搜尋一通，真的會看到一些超出她的年齡可以看的影片。

其實孩子如果有躁動或焦慮的表現，往往跟父母有關，父母只要懂得調適自己的情緒，孩子的問題常常就會不藥而癒。身為父母，很多時候會想管控孩子，是因為內心有很多擔心、焦慮，這時候要先把注意力拉回自己身上，一旦發現自己在擔心、焦慮或害怕，就先處理好負面情緒，不要急著向外尋求。不必勉強改變環境來平息內在的焦慮，最好先去處理個人內在的情緒問題。

孩子使用 3C 的問題已經成為現代父母普遍都有的困擾，一味防堵其實很難禁絕，因為 3C 真的很容易讓孩子著迷。建議孩子還小的時候，至少在十歲之前，最好先不要讓他們使用手機或平板電腦，否則 3C 產品的聲光影像刺激太多、太強烈，很容易讓孩子一下子就上癮。

相較起來，閱讀書本或玩遊戲好像就沒那麼吸引人了。但建議還是要先培養孩子喜歡閱讀的習慣，可以帶孩子去圖書館，選擇一些有趣的童書。現在有很多可以跟孩子互動的讀物，或是實體玩具，都可以讓孩子手腦並用，邊玩邊學習，孩子也很喜歡。重點是父母要有耐心，願意花時間跟孩子互動，不要早早就用 3C 產品餵養孩子。如果貪圖方便和一時安靜，把 3C 產品當隨身保姆，一旦孩子過度依賴，日後要修正，往往得付出更多代價。

如果孩子已經習慣用 3C 來打發時間，最好採取疏導的方式幫孩子調整，例如找到其他替代的活動來轉移孩子的注意力。五、六歲的卉卉正值活力旺盛的年紀，詠淳不妨帶卉卉去做一些運動，或是去戶外走走，孩子的發展也會比較完整。

學齡前的孩子，父母要負起完全的責任去教導，但不該只是一味禁止。如果發現小孩子會去看一些超齡的影片，父母可以先去了解孩子在看什麼，問孩子為什麼想要看這些影片，再跟孩子分享自己的經驗，然後告訴孩子，現在這個年紀還不是很適合看這些影片的原因。

此外，詠淳還發現和卉卉回娘家住之後，也碰上了隔代教養的問題。詠淳從小就是在父母期待下長大的小孩，小時候爸媽管教非常嚴格，哪裡想得到變成外公外婆之後，居然對孫女那麼寵溺。有時候卉卉不乖，詠淳在訓話，外公外婆就會立刻跳出來阻止，或是趁著詠淳不在家，任由卉卉玩平板電腦玩到高興，中間都沒有讓眼睛休息。詠淳雖然私下跟爸媽溝通過很多次，但爸媽嘴上說好，還是一樣寵著卉卉，讓詠淳覺得很困擾。

其實**每個人來到這個世界，本來就會遇到各式各樣的人，孩子跟每一個人互動的方式一定不一樣，和每個人的緣分也都不一樣**。父母與其強烈要求所有人按照自己的方式跟孩子互動，不如允許阿公阿媽享受和孫子快樂交流的過程。阿公阿媽喜歡寵孫，父母則需要教導管理孩子，可見兩代之間一定有不同的想法和做法，其實也未必不好。反正孩子日後上學或出社會，也會碰到各式各樣的人，早點學習跟不同的人互動，對孩子並不是壞事。

唯一需要達成共識的地方，就是當父母已經跟孩子說「不」的時候，阿公阿媽不可以再出面干涉，更不可以讓孩子以為去跟阿公阿媽耍賴、求情，就能夠不理會爸爸媽媽的意見；否則孩子一旦自恃阿公阿媽會順著自己，爸媽也不敢有意見，就會不聽從父母的管教，那就真的可能把孩子給寵壞了，影響孩子的未來。

兩代人對待孩子的方式可以不同，但是一定要彼此尊重，才不會導致家庭的衝突和混亂。

家庭難題有解

1. 孩子使用 3C 容易著迷，其實很難禁絕，但還是建議至少在孩子十歲之前，先不要讓他們使用手機或平板電腦。
2. 如果孩子已經習慣用 3C 來打發時間，最好採取疏導的方式來調整，例如找到其他替代的活動來轉移孩子的注意力。

3. 祖父母輩對孫子孫女的寵溺，未必是壞事，因爲每個人來到這個世界，本來就會遇到各式各樣的人。與其強烈要求所有人按照自己的方式跟孩子互動，不如允許阿公阿媽享受和孫子快樂交流的過程。唯一需要達成共識的地方，就是當父母已經跟孩子說「不」的時候，阿公阿媽不可以再出面干涉，彼此尊重，才不會導致家庭的衝突和混亂。

案例2

小孩拖拖拉拉怎麼辦？

敬雯常常為了女兒咪咪做事拖延的習慣而惱火。每次明明約好了練琴的時間，咪咪口頭說好，但常常不是邊寫功課邊把玩鉛筆盒裡的文具，就是吃一頓飯要耗個四、五十分鐘，然後等練琴的時間快到了，才發現明天要交的功課還沒寫完，或是碗裡還有半碗飯沒吃完。而咪咪老是在發現自己來不及完成時，就變得焦慮不安，一方面怕媽媽生氣，一方面也對自己無法按照計畫進行深感沮喪，有時甚至會情緒暴走，大哭起來。

每次咪咪為了自己來不及完成任務發脾氣或大哭時，敬雯也會跟著被惹惱，因為過程中她總是不斷提醒咪咪要快點完成手上的工作，不要東摸西摸、浪費時間，但咪咪總是聽而不聞、依然故我，直到時間來不及了，才又哭又鬧，讓敬雯的情緒也跟著被挑起，母女兩人的關係劍拔弩張。

經過幾次大發飆之後，敬雯覺得自己不能再這樣下去了，應該要想辦法調整，於是去參加坊間的教養課程，還看了一些談正念或能量醫學的書，希望自己跟咪咪之間的情緒張力不要那麼強。

自制力是需要學習的，很多人終其一生都未必能夠擁有良好的自制力，何況是像咪咪這樣才八歲大的孩子。人類大腦大約在六歲左右，體積容量就已經大約長出九成，但腦部除了大小，還有內在的神經和細胞，需要更多時間才能發展完成。

而自制力的發展正涉及大腦發育的成熟度。有關自制力的學習，需要從小誘導，孩子如果能夠得到比較好的協助，一旦腦部發展到一定的成熟度，自然可以擁有較好的自制力。很多大人其實從小就沒有得到足夠的協助，即使成年了，也缺乏良好的自制力。現在路上四處可見沉迷在手機裡或知道自己該做什麼卻做不到的成年人，便是明證。

八歲的孩子還無法做到良好的自我控制，與其「控制」，不如「調整」——就像敬雯與其在一旁不斷耳提面命、三令五申，不如用邀請的方式，陪咪咪一起學習如何安排運用時間、怎麼樣專心在一件事情上。孩子只要專注力夠，效率自然會提升，就能按照自己的規畫完成該做的事。

所以敬雯如果想要咪咪更有效率地完成手上的事情，不妨試著跟咪咪說：「媽媽也在學習如何專注有效率地完成任務，我們一起來練習好嗎？」（參見第三部分：「練習篇」強化專注力的正念與能量運動，或《孩子的簡單正念》一書的練習方法。）讓咪咪對提升自己的專注力和自制力不再抗拒，也不會以為只有自己的自制力不好，因此感到沮喪、挫敗。孩子如果在學習的過程中遇到挫折，可以引領他們去看見自己學習時掙扎的過程，教孩子去看到自己每天一點一點進步的地方，意識到自己越來越好。透過觀察自己變好的過程，來理解學習需要累積，因此可以更有耐心地去做。

學習的關鍵往往在於是否有興趣。人如果喜歡一樣東西，往往會非常樂在學習，格外珍惜可以接觸的機會。如果對想學的技能很感興趣，根本不用父母三催四請，孩子就會迫不及待自動自發。

咪咪雖然很喜歡音樂，剛開始彈鋼琴也表現出高度的興趣，但其實讓咪咪學鋼琴是爸爸的堅持，因為爸爸天生音感極佳，只可惜小時候沒機會學音樂，所以現在希望女兒可以好好學習，不要浪費天分。但是對咪咪來說，讓她彈鋼琴比較像是一件功課、一種處罰，無論喜歡不喜歡，她都要完成，是她的「分內工作」「職責所在」，久而久之自然越來越抗拒。

大人和小孩都一樣，如果一件事很有挑戰性，或是做的過程不順利、有挫折，人就容易卡關退卻，可能想停下來，甚至放棄不做。所以敬雯要先理解咪咪是不是在學琴的過程中產生什麼挫折，如果能先幫孩子把情緒處理完，再去解決問題，就會容易得多。

學習最重要的關鍵就是如何讓孩子產生興趣，只要夠感興趣，就算學習過程中碰到挫折，也不會輕易放棄。對於困難的曲子，可以一小節、一小節練習，而完成一小節後，要懂得給努力的自己一些肯定或犒賞，正向的肯定可以帶給我們克服困難的勇氣。

或者，也許可以先讓咪咪暫停鋼琴課幾個月，這段期間她不能隨時想練就練，只有在表現良好時，才能被允許去彈彈鋼琴，不像現在想彈就能彈。把彈鋼琴從「處罰」變「獎賞」，孩子的感受會截然不同。只要咪咪喜歡彈琴，對練琴的態度必然會跟著變化，從原本的抗拒變成期待，甚至爭取表現的機會。一旦如此，就不會每次為了練琴搞得母女關係緊張。

其實咪咪有時候是因為時間快到了，但又做不完，所以只好生自己的氣。

但敬雯當下往往就在一旁教訓咪咪，因為她覺得都已經提醒過那麼多次，是咪咪不放在心上，想休息又想先玩，才會搞到時間快到了還來不及完成。無論咪咪是感到沮喪或自責，敬雯都覺得是她自己選擇的結果，要自己負責。可是有時候孩子並不是壞，也不是不想做，只是不懂如何安排時間，所以壓力太大，才會情緒爆炸。這時，父母應該先和孩子一起面對學習調整、釋放壓力。

敬雯在理解之後，知道咪咪會在時間來不及時哭鬧，可能只是因為需要支持，就決定調整方式因應。

有天晚上，咪咪練琴又拖延了時間，都已經九點半了還沒練完。想到十點一定要上床的規定，咪咪又焦慮起來，於是跑來跟媽媽要抱抱。以前的敬雯會覺得都來不及了還要討抱，會斷然拒絕咪咪，但這次她什麼都沒說，只是給了咪咪一個大大的擁抱。沒想到咪咪居然隨即就回去練琴，趕在時間內完成功課。這讓敬雯發現，自己一直以來都用錯了方法，原來只要一個小小的調整，就能幫助女兒有力量去完成任務，真的讓她很驚喜。

小孩在邁入青春期之前，還很需要父母的引導。父母要扮演的是領導者的角色，而不是什麼都讓孩子自己決定、自己判斷，因為孩子對時間的概念還有腦部的邏輯思維都不夠成熟，無法好好掌握，所以父母要先帶領孩子一起學習，該介入時還是要介入。

此外，照顧孩子難免會讓人累積很多情緒，如果覺察到自己的情緒已經滿載，可以試著用正念練習或能量運動來清理，讓自己不會被失控的情緒左右，而使判斷失準。

♥家庭難題有解

1. 孩子還小時，父母可以用邀請的方式，跟孩子一起學習如何安排時間。例如，對孩子說：「媽媽／爸爸也在學習如何專注有效率地完成任務，我們一起來練習好嗎？」
2. 學習的關鍵在於是否有興趣，不要讓孩子覺得學習是處罰或職責所在。學習過程中若遭遇挫折，可以引領孩子看到自己每天進步的地方，從而理解學習需要累積和耐心。

3. 小孩在青春期之前，父母要扮演領導者的角色，不宜什麼都讓孩子自己判斷，應適時介入和做決定。

4. 如果覺察到自己的情緒滿載，可以試著用正念練習或能量運動來清理，讓自己不被過多的情緒左右，而使判斷失準。

案例3

沉迷3C的青少年

睿先已經三個禮拜不去學校上課了，每天關在房間裡玩線上遊戲，不理會家人，也不跟人說話，沒日沒夜地盯著電腦玩遊戲。媽媽月里擔心得不得了，但要是想進兒子房間勸他一句，就會被他大聲咆哮趕出來。

睿先是從國三開始性情大變的。記得國三下學期有一天，他就跟同學說不再去學校上課，不會參加學校的期末考，他要自己在家讀書，準備升學大考。但睿先從頭到尾都沒跟爸媽商量，就是打定主意不去學校，也不再讀書，回家後就開始沒日沒夜地玩線上遊戲，根本不理會旁人。

當時月里跟先生民富很擔心兒子不參加學校期末考試，成績會受影響。雖然有跟學校聯絡，也讓兒子去接受心理諮商，可是他根本就不聽勸，繼續玩他的線上遊戲。直到夫妻倆找了跟兒子要好的表哥，睿先才勉強願意跟表哥談談。

表哥先是和睿先一起規畫學校功課的複習進度，又為了鼓勵睿先好好準備大考，還幫月里問睿先想要什麼。睿先說他想要有自己的電腦，不要再跟大家共用客廳的電腦，如果他考上理想的高中，希望爸媽買一部新電腦給他，而且就放在他的房間裡，這樣才有個人隱私。表哥在徵得月里和民富的同意後，答應了睿先的要求。睿先本來程度就不錯，為了得到電腦，他也的確用功準備，只可惜最後差了一點，沒能進入理想高中，但是睿先卻堅持自己已經盡了全力，非要得到電腦不可。

知道自己沒考上理想學校的睿先，天天在家裡吵著要月里買電腦給他，月里實在沒辦法面對兒子的無理取鬧，只好跑去朋友家暫住，希望清靜幾天。但怎麼也沒想到睿先居然把自己反鎖在家，還把姊姊和爸爸都關在門外，無論怎麼好說歹說都沒有用，搞得全家人只好整個星期都住在飯店。

這段期間，月里和民富每天都回家敲門、按電鈴，但睿先就是聽而不聞，根本不來應門，直到夫妻倆趁他出門覓食，才得以進入家門。最後還是答應買電腦給他，這樁風波才得以落幕。

「其實睿先在國二以前跟我的感情很好。以前我坐在客廳沙發上，他還會枕在我的大腿上，笑著跟我聊天，怎麼想得到現在母子關係會變成這樣，他不但完全不理我，完全封閉自己，還做出這麼多讓我傷心的事……」月里邊講邊掉淚，她真的不知道那麼貼心可愛的兒子究竟怎麼了。

從月里的能量場上可以看到，這個家庭的主導者變成了兒子。如果家是一艘船，爸爸媽媽應該是負責掌舵的船長，可以決定船的行駛方向和速度；但現在很多父母對小孩百依百順，從小要什麼給什麼，孩子什麼都不用負責，只要讀書就好。結果導致孩子變成船長，父母變乘客，什麼事都是孩子說了算，寵溺孩子寵上天了，父母永遠只有讓步妥協的分，造成家庭能量場混亂，引發一大堆問題。

在月里的能量場上還看到睿先非常生氣，因為月里緊緊盯著兒子，深怕兒子出問題，過度的關心嘮叨，讓睿先感覺窒息無力，只好用力叛逆掙脫，才能喘一口氣，得到自由。

而在能量場上一直黏著兒子的月里，眼中只有兒子，跟先生卻沒有任何內心的交集，夫妻的能量失衡，才會導致整個家的能量也跟著失衡了。很多時候，夫妻容易把重心都放在孩子身上，眼裡和心裡沒有對方，只有孩子的存在。如果家裡有兒子也有女兒，經常就是爸爸寵愛女兒，媽媽溺愛兒子，孩子們成為父母的依靠和陪伴（替代了父母的伴侶關係），因而衍生出很多家庭問題。

我請月里試著把手放掉，不要在心裡緊抓著孩子，告訴睿先：「兒子你長大了，要為自己的生命負責。我把你的責任還給你。我不期待你做一個貼心順從的孩子，你可以選擇走你自己想走的路，你的生命你自己要負責。」**讓孩子自己做選擇，為自己的生命負責任**。

孩子不想上學也沒關係，這個世界上多的是沒有上學的孩子。如果選擇去打工也沒關係，試著尊重孩子的決定，只要告訴他必須負起選擇背後相對應的責任。

當父母不緊抓著孩子，放手讓孩子自己負責，大多數的孩子慢慢就會開始在乎自己的事，為學業和前途緊張起來，這樣才會有改變自己的動力。

現代有很多青少年沉迷3C，背後的原因之一，常常跟父母死命抓著孩子不放有關。孩子還小時較無力違抗，但等到孩子大了，就會想擺脫這種模式。只有父母鬆手，孩子才能有自己的主導權，不然孩子就會想要躲進網路世界，在虛擬世界中感覺自己對生命的主導權。

當我們老是在擔憂，就很容易被操弄、被情緒勒索，試著把孩子當成鄰居或朋友的孩子，該怎麼建議就怎麼建議，不過度干預。一直緊抓著兒子不放的月里，只有願意放手，孩子才會願意走出來；如果因為怕失去兒子，拚命想跟兒子緊緊連結，對兒子有求必應，小孩子很聰明，知道怎麼去索求，軟硬兼施，好得到他想要的東西。

如今睿先已經不是小小孩了，有能力去思考自己要為生命做些什麼。一旦孩子知道要為自己的生命負責，不是什麼事情都能由著他的性子做，他自然會做出負責任的決定，知道要去上課，或是想辦法自己賺錢。無論孩子怎麼選擇，要上課或工作，都尊重他，不要讓孩子把父母當成搖錢樹或提款卡。

學著**做一個不被親情挾持的人**，**安全感要來自內在的自我**，**而不是外面的他人**。這一生每個人都必死無疑，生命就是如此，短短幾十年，過了就沒了，所以毋須一味擔心未來會怎麼樣，反正最後的結局都是空手而去。

不企圖掌控家人，也不須因為擔心害怕，而被家人掌控或情緒勒索。關係再親密也不彼此牽絆，生命才能自由自在。

家庭難題有解

1. 如果家是一艘船，父母應該是船長，決定船的行駛方向和速度。現在很多父母對小孩百依百順，讓孩子變船長，父母變乘客，造成家庭序位和能量混亂，引發許多問題。
2. 很多父母在能量場上呈現出眼中只有孩子，看不到伴侶，甚至讓孩子取代父母的伴侶角色，致使夫妻能量失衡，最終導致整個家的能量都失衡，因而衍生許多家庭問題。
3. 學著做一個不被親情挾持的人，安全感要來自內在的自我，而不是外面的他人。不企圖掌控家人，也不須因爲擔心害怕，而被家人掌控或情緒勒索。關係再親密也不彼此牽絆，生命才能自由自在。

案例4

我好怕兒子像我弟

秀玉生長在極度傳統的家庭，爸爸媽媽都非常重男輕女，什麼都以兒子的需求為主。所以家裡的老么，也是唯一的兒子——小弟，從小就是茶來伸手、飯來張口，要什麼有什麼；長大後更是予取予求，無法無天，根本沒人管得動，只會不斷製造問題，然後要家人收拾爛攤子。

每次弟弟捅出什麼婁子，媽媽就跑來一把鼻涕、一把眼淚地跟秀玉哭訴，讓身為大姊的秀玉覺得自己有責任跳出來幫媽媽解決問題。到後來，媽媽幾乎把弟弟的問題都丟給秀玉處理。

秀玉覺得壓力很大，也氣惱媽媽對兒子和女兒的態度實在天差地別。從小到大，媽媽的眼中永遠只有兒子，認為女兒終究要嫁人，所以根本不在意女兒過得好不好。

雖然如此，每次只要媽媽在秀玉面前一邊唸、一邊哭，秀玉就心軟捨不得，答應媽媽她會一肩扛起，幫忙解決弟弟的問題。長期下來，秀玉承受了很大的壓力，搞得現在每次看到媽媽的來電顯示，秀玉的胃就一陣緊抽，必須深呼吸才能接起電話。

身材嬌小的秀玉一直有背痛的問題，這些年開始接觸正念、能量醫學等身心靈領域後，她知道自己的背痛跟從小長大的經驗和生活中遭遇到的問題有關。她一直記得小時候自己個子特別小，小弟為了搶走她手上的東西，動不動就從背後用力搥打秀玉。秀玉力氣太小贏不了弟弟，只能跑去跟媽媽哭訴，但媽媽總覺得沒什麼，還笑秀玉沒用又愛哭，連弟弟都對付不了。這讓秀玉在承受身體疼痛之餘，內心更是難過又無助，久而久之變得越來越退縮，經常告訴自己怎麼也爭不過別人，所以遇事總是能躲則躲。

婚後秀玉生了兩個兒子，大兒子個性比較敦厚，小兒子卻是另一種極端，不但暴躁易怒，也比較兇狠，每次兄弟兩人起口角打架，哥哥再怎麼樣也不會對弟弟使出全力，但弟弟總是不擇手段地非把哥哥打趴在地不可。所以每次兩個兒子起衝突時，嬌小的秀玉只能用身體為大兒子擋著，叫他忍耐，不要再跟弟弟吵了。

秀玉現在想想，自己從來不指責小兒子，難怪大兒子會覺得秀玉偏心，只疼弟弟。其實秀玉內心一直非常恐懼小兒子會像她的弟弟一樣，而她不想步上媽媽的後塵，一生都為孩子擔驚受怕，擔心哪天小兒子會闖出什麼大禍。

除了惹是生非的弟弟，秀玉小時候還有一個同住的叔叔有嚴重的暴力傾向。每次叔叔一喝酒就發酒瘋，拿著菜刀到處亂揮亂砍，讓全家人都束手無策，只能趕緊找地方躲起來。這樣被人追殺的童年經驗實在太恐怖，即使叔叔早已過世多年，但秀玉現在只要碰到暴跳如雷或是大吼大叫、無法控制情緒的人，就不自覺全身緊繃僵硬，這幾年甚至出現嚴重的背痛問題，看了好多醫生都沒能治好。

秀玉的媽媽家裡有十二個小孩，所以媽媽很小就得當女工，幫忙分擔家計。秀玉一直覺得媽媽不太懂得愛自己，也不知道怎麼去愛人，深受傳統觀念綁架，非常重男輕女。

其實秀玉曾經有個哥哥，但從小就夭折了。媽媽深怕自己只有一個兒子的命，所以總把夭折的哥哥說成長女，把弟弟當成長子，然後硬說身為大姊的秀玉是次女。這些不愉快的成長過程，後來都成為秀玉不想再提起的記憶。

從能量場上看到秀玉的媽媽一直帶著很深的悲傷和憤怒，覺得秀玉都沒有看到媽媽對她的愛。因為媽媽從小也是靠自己長大的，所以希望秀玉也有能力可以讓自己存活下來。秀玉看不到媽媽的愛，就像自己的大兒子也總覺得秀玉不愛他，每次秀玉想跟孩子聊天或分享事情時，大兒子總是沒耐心聆聽，要秀玉安靜，常讓秀玉覺得既憤怒又傷心。

我們請秀玉觀想媽媽站在面前，然後彎身鞠躬，雙手伸直，手心向上，跟媽媽說：「謝謝媽媽生我、養我。我以前都以為媽媽不愛我，但從現在開始，我願意學習看到媽媽對我的關心和愛，謝謝媽媽。」一旦秀玉可以把媽媽的愛的能量收進來，放在自己心裡，看到媽媽對自己的關心和愛，秀玉的大兒子就會看到秀玉對他的關心；而秀玉的媽媽如果看到秀玉好好地活出自己的生命，也才能釋懷。

其實無論是秀玉弟弟或小兒子的事，本來就沒有所謂最好的答案。我們來到這個世界就只是經歷和學習而已，離開時大家都一樣兩手空空。秀玉的煩惱來自她無法接受媽媽傷心無力、生氣埋怨，甚至是不知所措的狀態，所以很努力想要幫助和改變媽媽；而秀玉越努力，越感到無力和無助，也就更加生氣埋怨媽媽和弟弟，甚至不斷擔心自己的兒子以後是否會遇上同樣的問題。

我們請秀玉想像自己對媽媽說：「親愛的媽媽，謝謝您生我養我，但是教養弟弟是您的責任，不是我的，我不應該取代您或批判您。我現在把這個責任還給您，接受您如是的模樣，不期待您或弟弟有所不同。我會做回女兒的角色。我是弟弟的手足，不是他的媽媽，所以我無法教養他，我把這個角色和責任歸還給您。」

家庭關係中，每一個角色都有各自的位置，什麼角色就要站在相應的位置。秀玉不只是在原生家庭中要回到女兒的位置，在現在的家庭也要注意自己身為妻子的角色。

秀玉可以回想自孩子出生後，自己跟丈夫之間的關係是否有所改變，是不是把注意力從丈夫那裡完全挪到孩子身上；如果是，應該要各自回到太太／媽媽、先生／爸爸、孩子的位置。假設每個人都能專注於活出自己的角色，家庭動力就能慢慢開始改變。

我們不要被時間概念給框架住。每個人的特質都不一樣，在沒有學會某些人生課題之前，所有人不管到了什麼年紀，都還是會撞得滿頭包。不少小孩長大之後，都會懊悔自己以前怎麼對爸爸媽媽那麼壞，但在他還沒有成熟之前，很難體會父母的心情。

我們越抗拒的事，越容易來到面前，讓我們學習。秀玉的媽媽給秀玉傳統的愛，即使帶著指責和期許，也都是希望秀玉有自力更生的能力；而秀玉雖然不喜歡媽媽對待她的模式，試圖改變，下意識裡卻還是複製了父母傳承下來的模式，所以才會擔心小兒子會步上他舅舅的後塵。

秀玉可以在心裡告訴媽媽：「現在我在走您的路，而且我可以理解您了。」

至於秀玉背部的疼痛，跟卡住的不安全感、恐懼感，也跟小時候遇到的性格暴戾的叔叔有關。但秀玉的叔叔已經過世多年，當年的故事現在早就不存在。我們請秀玉觀想叔叔就站在面前，一樣鞠躬，把手伸出去，對著叔叔說：「我把你的行為、責任都還給你，這是你應該負的責任，我現在也好好地活著。我敬重你的存在，願意友善地看著你，也請你友善地看著我。其實生命的本質本來就沒有來去，我們的身體就像衣服，弄壞了就壞了，並不用怕衣服沒了，因為我們沒了舊衣服，還會有新衣服。我在出生之前也沒有現在這個身體，出生後這個身體也一直在變化中，沒有一成不變的身體，我離開這個世界時（死後）

也不會帶著身體走。所以，身體不是我，也不是我的，我生命的本質很安全，無法被任何人傷害。」說完之後，秀玉覺得背部突然放鬆許多。

其實秀玉的心念一旦調整，能量動力就已經跟著開始調整，但不是說從此就過著幸福快樂的日子，而是每次有衝動想控制孩子，或是又讓孩子予取予求的時候，先不要那麼急，給自己一點空間，觀察一下是不是又感到焦慮了。她要練習慢慢回到當下，看清楚那只是一種焦慮的感覺。不妨做做平靜三焦，或是深呼吸等正念與能量運動，讓自己的情緒能量緩和下來，然後再來好好傾聽孩子，跟孩子說話。

人生在世就是心靈透過身體的協助，不斷學習：「喔，原來我這樣子，會發生這樣的事情。」「原來這樣互動，會造成這樣的結果。」我們這一生遭遇的事情，很多都是延續過去經驗的反應，就像秀玉跟孩子現在的關係，也是她早先創造的結果，這無關秀玉是不是個好媽媽。

所謂的「好爸爸」「好媽媽」，充其量都只是想法而已，爸爸媽媽並沒有真正的好壞，也沒有對錯。我們跟父母的關係，就是一場互動的體驗和學習，沒有人存心想做壞媽媽或壞孩子，但每個人都會受到過去的人生經驗影響。

當我們帶著好奇心去探索人與人之間的關係，慢慢就會發現：「原來我這樣做會有這樣的結果，而我那樣說會有那樣的結果。」自己經歷的世界，其實是自己創造出來的。

每個孩子都有他的人生機緣，可能在某個時間會遇到某些人，讓他做出某些改變，這絕不是父母能夠操縱左右的。父母只能做你可以做的，去支持、欣賞孩子，協助孩子探索這個世界，其他就是孩子自己人生的劇本了。如果父母願意放手，就會發現其實孩子根本沒有問題，比父母以為的更能自處。

♥家庭難題有解

1. 孩子有自己的人生機緣，會在某個時間遇到某些人，做出某些改變，不是父母能夠操縱的。父母只能去支持、欣賞孩子，協助孩子探索世界。如果願意放手，就會發現孩子比父母以為的更能自處。
2. 我們越抗拒的事，越容易來到面前，讓我們學習。

3. 身體不是我，也不是我的，我生命的本質很安全，無法被任何人傷害。

4. 當有衝動想控制孩子，或是讓孩子予取予求的時候，先給自己一點空間，讓自己慢慢回到當下。不妨做做平靜三焦或是深呼吸等正念與能量運動，讓情緒能量緩和下來，再跟孩子溝通。

案例5

那些緣分極短的孩子

宜婷和世毅有兩個孩子，老大是女兒，已經大三，小兒子也上了高三，但其實婚後，宜婷前前後後總共失去了五個孩子，其中有的是自然流產，也有幾個孩子是夫妻倆決定不要生下來，選擇去做人工流產。

雖然這都已經是很久以前的事，但宜婷三不五時想到有那麼多無緣的孩子，還是會感到愧疚自責，覺得自己是個壞媽媽；加上兒子進入青春期後非常叛逆，母子兩人的關係已經降到冰點好一陣子，互把對方當空氣，視而不見，有時候宜婷不禁想著，是不是自己當年做了錯事，去墮胎，現在和兒子的關係才會這麼惡劣。她越想就越難過，卻又不知道能為那些無緣的孩子做些什麼。

不少女性都有流產或墮胎的經驗，有些人會一直卡在自責的情緒中走不出來。其實每個孩子跟媽媽都有不同的因緣，有些母子的緣分只有幾天，有些只有幾年，有些則是幾十年，在親緣的路上能夠相伴多久，都是緣分。

透過家族排列，宜婷在能量場上看到緣分極短的五個孩子，眼淚也跟著撲簌撲簌地掉。但其實孩子們並沒有責怪媽媽，因為他們知道自己本來就是要離開的。

我請宜婷看著每一個孩子，去看到孩子的能量跟自己一直有所連結，並且允許自己的情緒流動，無論是開心或傷心的情緒，都任其自由來去，然後告訴五個孩子：「謝謝你們來到我的生命裡，雖然只有短短的相處時間，但媽媽會在心裡記得你們，留有一個屬於你們的位置。你們都是很棒的孩子，媽媽會在心裡祝福你們順利去到下一段旅程。」然後把孩子的能量放在心裡，告訴自己，每個孩子的能量都有一部分是跟自己連結在一起的，謝謝他們陪伴媽媽這一段時間。

宜婷也可以抱抱孩子，跟他們的能量互動。最重要的是去看到他們，記得他們的存在，並且祝福他們。這些都是很棒的孩子、很棒的經驗。

有時候我們失去了孩子，卻沒有時間跟自己的狀態在一起，沒能好好處理這些能量或情緒，久而久之很容易造成身心脫離，一直帶著這份內疚、不安、不捨，然後強自壓抑種種感受，還給自己貼上壞媽媽的標籤。其實在能量場上，很少看到孩子會對媽媽有怨恨，像這樣和媽媽緣分很短的孩子，雖然有些會有點傷心或遺憾，但孩子知道這是自己跟媽媽的緣分和命運。

除了心理上的壓力，墮胎或流產也可能造成家庭序位上的干擾，就算沒能出世或只在世短短幾天的孩子，也是有能量的，也需要被看見，所以在家庭成員的排序上，其實也有他的位置。例如，宜婷的女兒其實是她的第三個孩子，兒子則是第五個孩子，只是因為其他的孩子沒能出生，所以女兒就被當成老大，兒子是老二。宜婷要告訴女兒和兒子，爸爸媽媽曾經有過其他未出生的孩子，所以他們是家裡的第三和第五個孩子，並且讓女兒和兒子在心裡跟這些無緣一起長大的手足相認。同時也要讓女兒和兒子知道，他們兩人的命運跟其他已經離開人世的手足不同，他們的命運是要活下來，所以要好好活著，尊重自己的命運。

此外，也請宜婷跟先生說：「這些都是我們的孩子，我擔心你會記不得他們，但這是我們共同的決定，沒有對錯，只是緣分和體驗。我願意跟你一起面對，我們還可以一起做些好事來紀念這些孩子。」

人可能在某些時候因為恐懼、擔心，而做出讓自己內疚懊悔的選擇。一旦知道自己做錯了，我們可以懺悔，但懺悔不是用來批判或打壓自我，把自己打趴在地上，覺得好沒用、好無力。懺悔是去看到自己錯的地方，願意不再重蹈覆轍，並做出彌補，這樣的心念才能化為願力或動力。

如果只是不斷地批判自己、傷害自己、打壓自己，那並不是真懺悔。宗教也沒有要人自我批評、自我打壓或自我厭惡，否則當我們自我厭棄時，也很難對有類似行為的人起恭敬心，就很難用慈悲或愛去面對這樣的人。只有願意用慈悲和愛對待這樣的自己，才有能力去愛也同樣犯錯的人。慈悲是來自真正的愛、真正的原諒。

我們很容易卡在許多的經驗、學習、道德或世俗框架裡。並不是說社會不需要道德框架，但不該只是引發我們的內疚感，那些內疚帶來的自我厭惡，其實對任何人都沒有幫助，很多時候只是把自己綁住了。

人和人之間本來就是互相連結，就像廣欽老和尚說的：「沒來沒去，沒歹誌。」我們的軀體會壞掉，但能量並沒有生滅。

♥家庭難題有解

1. 不少女性都有流產或墮胎的經驗。其實每個孩子跟媽媽的因緣不同，有些母子緣分只有幾天，有些則是幾十年，在親緣的路上能夠相伴多久，也是緣分。雖然我們不鼓勵墮胎，畢竟應珍惜和尊重每個生命，但我們也毋須爲已經發生的事感到內疚，畢竟內疚無法幫助自己，也無法幫助被拿掉的孩子。我們可以選擇爲這些孩子做些好事來紀念他們。

2. 墮胎或流產可能造成家庭序位上的干擾，就算沒出世或只在世短短幾天的孩子，也有能量，也需要被看見，所以在家庭成員排序上，應該也有他的位置。父母要讓孩子知道有過其他手足，告訴孩子每個人都要尊重他人和自己的命運。

3. 如果只是不斷批判、傷害、打壓自己，並非眞懺悔。只有願意以慈悲和愛對待這樣的自己，才有能力去愛也同樣犯錯的人。慈悲是來自眞正的愛、眞正的原諒。

案例6

兒子打媽媽

郁茹自從兩年前被失控的兒子打了之後，就再也沒跟他講過任何一句話。

郁茹真的不敢相信兒子竟然會對自己施暴，雖然事後郁茹也覺得自己當時的確是有些過分，不知道兒子已經壓力大到快要受不了，還在一旁不斷嘮叨。只是，郁茹眼見兒子沉迷在電腦遊戲中，整個人好像失心瘋一樣每天只想打電動，急著想戒除兒子的3C上癮症，讓他變回正常孩子應有的樣子，卻沒想到自己的用心良苦反而讓兒子承受更大的壓力，最後甚至抓狂似地對自己的媽媽施暴，而且前前後後居然動了三次手。

更讓郁茹傷心欲絕的是先生成泰的態度。兒子動手的時候，成泰是在場的，但身為父親的他，見到兒子打母親，居然還當著兒子的面指責郁茹，說兒子今天會失控，都是因為郁茹的態度太惡劣，被打是自作自受。在兒子的暴力行為和先生袖手旁觀與落井下石的雙重打擊下，郁茹雖然勉強撐住沒有崩潰，但半年後卻被診斷出有甲狀腺亢進的問題，必須長期服藥。

雖然現在郁茹不跟兒子說話，但其實她對兒子幾乎是處於完全服從的狀態，兒子對媽媽的態度就像上對下，根本沒把郁茹放在眼裡。因為害怕兒子又動手，郁茹只能選擇忍氣吞聲，用多一事不如少一事的方式跟兒子互動，所有兒子的事情她都不聞不問，也不處理，一切都讓成泰去管。但不知道成泰是不是也有點怕兒子，還是溺愛的緣故，他從來都沒有糾正過兒子的態度，更別說要求兒子為了動手打媽媽的事，向媽媽道歉。郁茹認定都是因為成泰的縱容，才讓兒子膽敢這樣對待媽媽，做出如此大逆不道的事。

從能量場上看來，郁茹是一點力量都沒有的，整個人猶如癱軟地趴在地上，連站都站不起來，完全不敢替自己發聲，把身為母親的責任都丟給父親成泰去負責。這也是為什麼成泰會控制郁茹的所思所行，動不動就對她表現出不耐煩的樣子，因為郁茹什麼都使不上力，整個生命都攀附依賴著成泰，讓成泰覺得扛著一家人的擔子十分沉重，壓力爆表，自然很難對郁茹和顏悅色，說沒三句話就大小聲。

郁茹必須告訴自己：「我可以／願意為自己負責，我可以活出想要的生命，我的生命不是要配合先生，也不是配合孩子，我是家庭的女主人，也是我生命的主人。」我們不容許別人惡劣地對待我們，也不該帶著受害者的想法，就像郁茹一直責怪成泰沒有站在她這邊，沒有保護她，但是郁茹也沒有為自己站起來。

能量上，郁茹需要自己願意站起來，而不是趴在地上，讓別人為自己負責。郁茹得跟自己的內在力量連結，知道自己想要活出什麼樣的生命、過什麼樣的生活。

其實兒子之所以會看不起媽媽，也是因為郁茹從來就沒有好好表達自己，未曾活出自己的生命，也沒有對自己負責，總是任由他人擺布，把責任丟到別人身上，才會讓兒子對郁茹毫無敬意，甚至覺得媽媽根本什麼事都做不好。

郁茹必須要找回自己，找到自己生命想要的是什麼，為此負起責任。一旦真的找到且願意為自己站起來，成泰才會尊重郁茹，願意靠近她，如此一來，整個家庭的動力才會轉動，孩子才能歸位，每個人可以回到自己應該站的位置。

郁茹不能再逃避，什麼都不想看，事情只會越來越糟。她要經常提醒自己：「**我有我的意見，我有我的聲音，我有我的看法，我有我的成長，我有我的生命，**

我有我想做的事！」一個人勇於做自己跟愛自己，並不等於忽略別人，每個人都可以善待自己，讓自己更有自信。在我們的文化裡，女人常常為先生和孩子活，但是這樣的活法，很容易把心都放在別人身上，想透過控制或改變別人來讓自己覺得活得有意義，以別人的成就為自己的成就，也以別人的失敗為自己的失敗，所以會過度擔心孩子和先生的問題。

其實郁茹的家庭動力很不錯，只要她肯為自己的生命負責，願意為自己想要的生命樣態而努力，就會變成很有吸引力的人。如果老是做一個只會聽話的女人，那就沒什麼吸引力，談話又說不出什麼內容，成泰自然不想多接近。一旦郁茹活出自己的生命，成泰自然就願意親近。

面對成泰的強勢和霸道，郁茹可以告訴成泰：「我尊重你，但我們是伴侶關係，並不是附屬關係。有關你的事，我可以遵從你的意見，但是有關我的事，我要自己做主，而不是聽從你的意見，畢竟我才是我生命的主人。所以，關於你的事我會尊重，由你自己做決定，但關於我的事，我要自己做主；而關於我們孩子的事，我們得彼此尊重。孩子也大了，有自己的想法，我們也要尊重孩子。」郁茹必須把界線畫好，當一個有主見的女人。

至於兒子，郁茹和兒子兩個都欠彼此一個道歉。成泰看到郁茹在情緒激動下做了和說了一些很不恰當的事，才會激怒兒子，所以沒有選擇站在郁茹這邊，畢竟這是郁茹自己引起的問題，只能自己解決，這也是郁茹重要的成長機會。

郁茹不該期待成泰去處理她跟孩子之間的問題，因為成泰只能處理他自己跟孩子之間的問題；郁茹跟孩子的問題，要由她自己去面對、處理。郁茹在責怪成泰時，忽略自己其實也沒有承擔起身為母親的職責，自己的做法也是在縱容兒子。郁茹既然覺得兒子不該打母親，得向她道歉，就該自己去跟兒子說，而不是把責任推給成泰，讓成泰替自己出面。同時，郁茹自己也應該跟兒子道歉，母子才能和解。

郁茹和成泰也要思考，兒子是從什麼地方學到這樣的暴力行為。如果以後都沒有再犯就還好，但若重複發生無法控制脾氣的情況，就要思考其他的可能性，也要學習如何好好溝通。

每個人來到世界上都有著本有的、不可取代的價值，絕不是任何人的附屬品。雖然人有很多角色，就像郁茹是媽媽、老婆、女兒，但她並不等於那些角色。人只要能活出自己，生命就會發光發熱。記得，每個人來到這個世界上，都是有價值的。

♥家庭難題有解

1. 不容許別人惡劣地對待我們，也不該帶著受害者的想法，要自己願意站起來，而不是讓別人爲自己負責。如果把自己的責任都丟給他人去負責，就會什麼都使不上力。
2. 勇於做自己跟愛自己。每個人都可以溫柔地善待自己，才能眞正溫柔地善待他人。

案例7

媽媽，妳可以放鬆一點嗎？

妍莉在生了圓圓之後，當了三年多的全職媽媽，直到圓圓開始上幼兒園，才又回歸職場。

對妍莉而言，工作再忙再累，也比不上帶小孩辛苦。小孩的無理取鬧、不可預測、陰晴不定，外加不講道理，對妍莉這樣實事求是、凡事要求精準、理性遠大於感性的人來說，帶小孩真的是苦差事。

妍莉規定圓圓每天要在十點睡覺，所以九點就會幫女兒刷牙、洗澡、更衣，好確保十點之前圓圓可以躺平，進入睡眠模式。

多數時候圓圓很配合，可是那天圓圓明明七點半才吃完晚餐，九點多也刷好牙、洗好澡，正準備睡覺時，卻突然喊著肚子餓，一定要喝牛奶才行。

妍莉原本打算等圓圓睡著後，要把老闆前幾天交辦的報告寫一寫，因為老闆已經催了兩、三次，妍莉實在很想趕快交差。誰知道圓圓偏偏不配合，都已經要睡覺了還吵著要喝奶，喝了牛奶又要再刷一次牙，然後還得再哄睡，一切就緒都已經是晚上十一點多了。妍莉想著，要不是圓圓破壞了她的計畫，她一定可以完成工作報告，越想越氣，決定不給圓圓講床邊故事，做為懲罰。這下子圓圓更難入睡了。

妍莉一直覺得自己並沒有要求太多，她只希望圓圓可以好好回應自己的生理需求，餓了就吃，想睡就去睡，想尿尿就尿尿，難道這點要求也算太高嗎？再者，妍莉也覺得圓圓很沒有安全感，是個標準的磨娘精，有嚴重的分離焦慮症，都已經快要四歲了，卻還沒有離乳。

妍莉不只是對孩子要求嚴格，一板一眼，對先生介安也是一樣。妍莉的情緒能量是邏輯型，從小就很自律，做事有條有理，思考快速敏捷，是個能幹又聰明的女強人，無論讀書或就業，一直都表現得很優秀；但也因此，她總覺得受不了太過隨性、感性的人，偏偏介安的情緒類型是感受型，所以很多時候都跟不上妍莉的快狠準，妍莉也對介安的優柔寡斷很不耐煩，特別是在有時間或情境壓力時，很容易就情緒爆發了。妍莉意識到自己再這麼下去，以後無論是母女還是夫妻關係，恐怕都不會太好，所以自己報名參加了能量排列與正念溝通的課程。

邏輯型的人聰明果決，做事有條理又系統化，但人不是機器，有很多不確定性和獨有的個別性，再加上生活周遭與環境的無常，如果一直死命抓著固定的規則生活，最終只會讓自己充滿挫敗感，身邊的人也會跟著壓力很大。

像妍莉這樣從小到大都很優秀的人，常常會過度壓榨自己，但生命要有所取捨，不能什麼都要，有時候需要放掉一些東西，才不會活成一個機器人；最重要的是好好照顧自己，去思考什麼才是對自己重要的事，如果沒能把自己照顧好，即使知道各種理論，往往也未必做得到。

一個判斷事情緊急和重要與否的標準是，如果這件事現在不做，等到明天、甚至幾天後再做也不會太晚，那麼也許現在可以先放掉，把時間用來照顧好自己和生命中真正重要的人。

食物和睡眠的能量對任何人都很重要。當一個人過勞時，心情絕對好不起來，即使再有修養的人，最後也一定會爆發出來。如果沒有照顧好自己，就可能在不自覺中鞭打自己，讓孩子予取予求。所以，一定不能犧牲睡眠和飲食，才能讓自己保持在穩定狀態。

在能量場上，可以看到妍莉一直追著孩子跑，又有著很深的焦慮，所以孩子的壓力很大，也害怕媽媽大聲訓斥。

我們請妍莉看著孩子說：「妳很健康、妳很安全，妳不用承擔我們的情緒，也不需要承擔爸爸媽媽的期待。妳有妳自己的步伐，有妳的個性，媽媽願意給予尊重。」這樣妍莉才能真正看到孩子，孩子也才能放鬆並看到媽媽。

妍莉要放掉過多的規矩，自己和身邊的人才會輕鬆，因為世間的事經常不是按照既定規矩或邏輯走的。就像妍莉認為，她只是要圓圓做到好好回應自己的生理需求，但這件事其實並不如她想的那麼容易——有多少大人該吃飯不吃飯、該喝水不喝水、該睡覺不睡覺、不該玩電動或滑手機卻還在滑，連成人都做不到了，卻期待小孩子可以完全做到，這其實是很困難的。

學齡前的孩子的確需要教育，但也要有彈性，讓孩子學習自主，懂得自我負責。四歲的孩子已經可以自己處理一些飲食、刷牙等生活事務。有時候孩子喊餓也不一定是真的餓，而是要吸引父母的注意力，或是不想那麼早睡覺。父母可以觀察孩子的情緒和生理需求，溫和但堅定地讓孩子學習為自己負責，告訴孩子，在刷牙前提出吃東西的需求沒問題，但刷牙後就不能再吃東西了，會蛀牙。

邏輯型的弱點就是受不了事情不按照自己的計畫進行，但這也是邏輯型人要學習的課題。很多時候不按牌理出牌也不會怎麼樣，甚至會有驚喜。放掉標準其實也可以是很舒服的事，妍莉不妨找時間、找機會，練習跳脫既有邏輯，反而可以看到不一樣的自己。

職場和家庭不同，回到家裡，妍莉要學著放鬆，允許混亂的發生。可以常問自己：「So what？」很多事沒什麼大不了，我們的七十分，可能已經是別人的一百分了。凡事都在變化，在動態下只要能找到相對的平衡，就已經很好了。

家庭難題有解

1. 邏輯型的人做事有條理又系統化，但人不是機器，如果死抓著固定的規則生活，只會讓自己充滿挫敗感，身邊的人也會跟著壓力很大。
2. 邏輯型的弱點就是受不了事情不按照自己的計畫進行，但很多時候不按牌理出牌不但不會怎麼樣，甚至會有驚喜。放掉標準也可以是很舒服的事。

3. 生命要有所取捨，照顧好自己是第一要務，沒有照顧好自己，就可能在不自覺中鞭打自己。所以盡量不要犧牲睡眠和飲食，因爲人在疲累或飢餓的狀態下，情緒容易不穩定。

4. 一個判斷事情緊急和重要與否的標準是，如果這件事現在不做，明天、甚至幾天後再做也不會太晚，也許現在可以先放掉，把時間用來照顧好自己和生命中眞正重要的人。

案例 8

孩子，你站錯位置了

薏靜和修儒兩夫妻對於教養的理念截然不同。修儒比較認同傳統的教養方式，認為孩子就是孩子，該教的就要教，所以他非常不能理解薏靜總是把女兒莎莎當朋友，不告訴她什麼是對的、什麼是錯的，明明孩子就無法判斷，教育孩子不是父母的責任嗎？但薏靜覺得孩子也該有表達自己意見的空間，父母說的不一定就是對的，應該要讓孩子自己去判斷。夫妻倆常為此起衝突。

莎莎是個聰明的孩子，她意識到爸爸和媽媽對於一些事情的看法不太相同，所以很懂得根據「需求」來判斷一件事應該要問爸爸，還是問媽媽，有時候甚至會利用父母之間的矛盾，為自己爭取到最有利的結果。

可不可以玩手機、一次可以玩多久、要不要給孩子手機、幾歲才適合擁有手機……關於手機的使用與擁有，已經是現代父母無法避免的問題，甚至經常成為親子之間衝突的主要來源。就連很多大人都有 3C 成癮問題，如何讓孩子適度使用，是很多父母煩惱的來源。

修儒一向反對給莎莎玩手機，那天莎莎看到爸爸癱在沙發上滑手機，就問爸爸為什麼他可以玩，結果修儒的答案是因為他有在上班，所以可以用手機。莎莎立刻問媽媽，媽媽明明沒在上班，為什麼也可以玩手機？當下薏靜很惱火，因為從頭到尾她都沒有禁止孩子玩手機，只是要求孩子遵守一定的使用規範，修儒卻說自己有在上班所以可以玩手機，真的是很不負責任的答案，還把這個難題丟到薏靜手上，薏靜只好冷冷說她不知道。

如果爸爸和媽媽的教養立場與態度不同，那麼孩子不是不知如何是好，就是出現選邊站的情況，早早就懂得在兩種立場間選擇對自己「比較有利」的那一方。問題是，這個「比較有利」，很多時候對孩子並不是真的有利。

父母如果無法尊重彼此的教養觀念，常處在競爭態勢中，這時有兩個孩子的家庭，就容易出現爸爸疼一個、媽媽疼另一個的情況；而如果家裡只有一個小孩，孩子就會本末倒置地站到主導父母的位置，成為家裡的領導者，這時父母為了不讓孩子討厭自己，就容易對孩子的所有要求統統買單。薏靜和修儒因為只有一個小孩，兩個人潛意識都想要拉攏女兒，總是爭著去討好。

薏靜應該和先生站回同一國，才能讓女兒歸位。只要爸爸和媽媽彼此尊重，孩子就沒有見縫插針或是挑撥離間的機會，父母才能真正教育小孩。

同一件事，一旦父親或母親給了孩子一個答案，另一方就要遵守，百分百尊重對方的決議。如果孩子來問爸爸一個問題，爸爸要確認孩子是否已經問過媽媽，如果有，就要尊重媽媽的決議，反之亦然。

久而久之，孩子知道父母是同一陣線，就不會繼續利用父母之間的矛盾或爭執，去逃避自己的責任。

修儒會一直跟薏靜唱反調，很可能是覺得薏靜不尊重他，所以薏靜要先告訴修儒，她願意配合和尊重他。任何想改變現狀的人本來就要先妥協，畢竟想改變的是自己。

所以，即使薏靜不認同修儒的觀點或做法，但只要孩子先問過先生了，薏靜就應該尊重他的決定。

薏靜知道自己有無法控制的傲慢與執著，總覺得好像配合先生就是自己輸了，所以很抗拒尊重他和自己想法不同的地方。但其實薏靜應該看清楚，同意修儒並不是讓步，更不是輸，因為家人之間本無輸贏，而是生命的共同體，為了達成一家人共好的目標而努力。

教養本就沒有對錯可言，薏靜應該告訴自己：「當我尊重先生的時候，其實也是在尊重我自己。我既不是讓步，更不是輸，我只是想讓家庭更有愛和溫暖，讓夫妻為了共同目標一起努力。」夫妻在教養上能夠同心，孩子就可以確定家中有真正的領導者，不會投機取巧變成牆頭草。

如果一個家庭是一艘船，船長應該是媽媽和爸爸，而不是孩子。薏靜要跟修儒懺悔，誠心地讓修儒知道為了讓莎莎比較愛媽媽，自己一直在討好女兒，結果反而讓莎莎可以任意地對父母情緒勒索。莎莎只要說出「我不愛媽媽」「我不愛爸爸」，夫妻兩人就搶著答應莎莎的要求，但孩子有屬於孩子的位置，現在很多孩子都站在比父母位階還高的位置，管爸爸又管媽媽，父母一定要拿回主權，孩子才會歸位。

我們請薏靜想像莎莎就在眼前，對女兒說：「妳是孩子，是我和爸爸的孩子，妳做我們的孩子就好。妳已經大了，媽媽會支持和陪伴妳，但妳得為自己的生命負責。我會在旁邊引導妳、給妳建議，讓妳學習做自己的決定。」

其實當莎莎詢問為什麼爸爸可以滑手機時，不妨反問莎莎她的責任是什麼，並且告訴她，大人的世界有很多需要透過手機網路聯絡的事情，即使媽媽沒上班，也需要透過手機跟外界互動，而且媽媽也有自己的放鬆方式。手機不是不能玩，而是不該過度使用，也不該影響到個人的睡眠、健康和學業。

莎莎已經長大了，會越來越有自己的想法，獨立性也越來越強，薏靜和修儒可以開始思考何時要給孩子手機，也試著找出女兒這麼想要手機的原因和動機是什麼。但日後即使給了孩子手機，也不該由她玩到高興，因為幫忙付手機費用的人是父母，所以有權利跟孩子要求限制手機使用的時數。這在給孩子手機前就要說清楚、立定規則，不然孩子會誤以為一旦父母給了手機，就可以為所欲為地使用。

此外，薏靜可以觀察自己跟修儒在什麼情況下，兩個人的關係比較好、想法可以比較一致，又是在什麼情況下，兩人容易有衝突，然後找出原因，盡可能讓夫妻關係和諧的時間拉長一些，慢慢讓彼此再次看到對方。有關夫妻相處問題，可以參考《是愛不是礙，是伴不是絆》這本書。

一年多之後，薏靜來信告知近況：莎莎已經上了國中，雖然這期間還是因為使用手機的問題，母女間有過衝突，但薏靜發現因為自己努力調整和修儒的溝通模式，夫妻相處互動的品質好了很多，現在比較能同理對方的想法。而莎莎發現爸爸媽媽對事情的看法和態度越來越一致之後，也就不再能透過「選邊站」來取巧了。

家庭難題有解

1. 一旦父親或母親給了孩子一個答案，另一方就要遵守，百分百尊重對方的決議。孩子知道父母是同一陣線，就不會利用父母之間的矛盾或爭執，去逃避自己的責任。
2. 同意伴侶的做法並不是讓步，更不是輸，而是彼此尊重和支持。家人之間本無輸贏，而是生命共同體。教養本就沒有對錯，夫妻在教養上能夠同心，孩子就可以確定家中有真正的領導者。

案例9

溝通前請先同理對方

妞妞現在一歲八個月大，最喜歡做的事就是畫畫，家裡隨時都有蠟筆、圖畫紙，瀚琪只要一有空就陪女兒一起畫畫。

妞妞大多時候都乖巧可愛，但她有個壞習慣，就是會去搶別人手中的東西。瀚琪和妞妞一起畫畫時，兩個人手上都各自拿了一枝筆，但妞妞常常會冷不防地抽走媽媽手上的筆。幾次下來，瀚琪覺得妞妞這樣不行，已經講過好多次，有幾次甚至還板起臉，正色地告誡她這樣很不OK，如果想要用媽媽的筆，要先等媽媽畫完，而且也不能直接拿走，要問過媽媽可不可以。妞妞張著黑白分明的大眼睛，似懂非懂地看著媽媽，瀚琪覺得都講了這麼多次，應該懂了。

那天母女倆又在家裡畫畫，瀚琪給了妞妞幾枝不同顏色的粉蠟筆，自己也拿了一枝開始畫起來。妞妞故技重施，趁媽媽不注意時從後面抽走媽媽手上的筆，瀚琪雖然有點生氣，但當下還是好聲好氣地告訴妞妞：「如果妳要用媽媽的筆，先等一下，媽媽畫完就給妳。」瀚琪跟妞妞講的時候，妞妞還認真地點了頭，沒想到過不了五分鐘，又來抽走媽媽手上的筆，於是瀚琪的火就上來了。

瀚琪非常生氣，要妞妞站好，然後硬是把妞妞搶走的筆拿回來。她覺得自己一定要堅持教孩子對的事，無論如何也不能讓女兒以為自己可以為所欲為。沒想到妞妞也執拗起來，筆被媽媽拿走了，她就把媽媽的畫本抽走。這下子瀚琪更生氣了，高聲地說：「那這樣我們都別想再畫畫了！」妞妞一聽，馬上崩潰大哭。

正在僵持的時候，瀚琪想到之前上的正念與能量動力課程，突然意識到自己這樣的做法似乎不能真正讓女兒知道為什麼媽媽會這麼生氣。於是她把女兒抱起來放在腿上，輕聲問：「妳現在是不是因為沒辦法繼續畫畫，覺得很難過？」原本情緒還很激動的妞妞，突然平和下來。

瀚琪這才發現，原來去看到孩子的挫折和難過，跟她的挫折、崩潰在一起，精確地把孩子的心情歷程說出來，孩子的情緒就會穩定下來，因為她會覺得自己被理解了。等到孩子情緒平穩，才能真正聽懂父母想傳達的是什麼。

平常瀚琪要上班，所以妞妞的主要照顧者是阿媽，也因此跟阿媽很親。某個週末，阿媽要上市場採買，想說妞妞有媽媽陪，就沒跟妞妞說她要出去一下，結果等阿媽把大門帶上時，妞妞突然放聲大哭。瀚琪當下很不能理解，不禁想著：「明明媽媽就在身邊，阿媽出去有什麼關係，幹嘛哭成這樣？」

妞妞非常傷心地哭個不停，於是瀚琪抱著妞妞，好好跟她說：「阿媽出去了沒有跟妳講，妳擔心她不回來了，對不對？」就這麼一句話，妞妞點了點頭，原本激動的情緒也跟著平靜下來。

至於妞妞之所以會一再去搶走別人的畫筆，不理會媽媽要她等一會兒，很可能是一歲多的小孩對於時間的理解和大家不同。「時間」是一個概念，而概念背後的意義形成，需要足夠的成熟度，所以當瀚琪跟妞妞說「等一下」時，兩人對「等一下」的想像和理解可能完全不一樣，因為孩子的時間概念還沒有建立起來。如果孩子學會數數了，也許就可以用數數的方式來幫助孩子建立時間的概念。所以在溝通時要常想到，我們說的，和對方的認知，是不是一樣。

有了一次又一次的經驗，瀚琪發現，原來去同理孩子的感受，對孩子是那麼重要的事。如果能夠同理孩子的感受，孩子本來有的那股氣會突然降下來。所以在跟孩子溝通時，一定要先同理，也就是去體會孩子當下的感受，然後全然接受他的感受。

如果不確定孩子的感受是什麼，可以詢問他，或猜測後再跟孩子確認一下是否有說對。當孩子感到被同理之後，很快就可以平復情緒。

其實不只是孩子，跟大人或跟自己溝通時，道理也是一樣的。瀚琪在上了正念溝通和能量醫療的課程之後，發現自己的情緒類型是感受型，也才知道自己一直以來常常太在乎別人的感受，卻忽略自己的，久而久之自己覺得委屈，旁人卻不知道為什麼。於是，瀚琪開始學著把焦點放回自己身上，不再把自己的需求放在最後。她發現，開始重視自己的需求後，反而更有餘裕去關心身邊的重要他人。原來同理自己和同理別人，都一樣重要。

♥家庭難題有解

1. 去看到孩子的挫折和難過，跟他的挫折、崩潰在一起，說出他的心情歷程，可以讓孩子的情緒穩定下來。孩子情緒平穩了，才能眞正聽懂父母想傳達的事情。

2. 在溝通時，同理孩子的感受對孩子很重要。一旦覺得被同理了，情緒就會平和下來。

3. 感受型的人常常太在乎別人的感受，卻忽略自己的，久而久之覺得很委屈，旁人卻不懂爲什麼。因此要學著把焦點放回自己身上，不再把自己的需求放在最後。懂得重視自己的需求後，會發現自己更有餘裕去關心身邊的重要他人。

6 婆媳關係 & 自我成長

案例1 我和我先生不熟

希羽跟豐俊結婚十幾年，唯一的女兒都已經上國中了，但夫妻倆這些年相處的時間其實非常少。五、六年前公公生病臥床，婆婆年紀也大了，一個人無法照顧公公，正好豐俊公司有個機會可以調到台南長駐，於是豐俊跟希羽商量，讓希羽和女兒兩個人在台北生活，他隻身回台南工作，順便照顧父母。只是公公過世都已經兩年了，豐俊也絲毫沒有回台北和希羽母女團圓的打算。

最初剛搬去台南時，豐俊還會每個禮拜回台北，但後來北返的時間間隔越來越長，豐俊說高鐵票實在太貴了，每週來回交通費負擔很大，反正也沒什麼特別的事，就不用每個禮拜都回來。

聽到豐俊這麼說，希羽很不開心，她覺得豐俊根本就不在意她們母女，才會用省錢當藉口，降低回家的頻率。

因為夫妻倆相隔兩地，溝通互動的機會少之又少，對彼此的生活越來越不了解，自然也越來越沒話聊。偶爾豐俊週末回台北，到家時往往希羽和女兒都睡了，隔天豐俊又要補眠睡到飽，起床時都已經過了中午，一家三口一起吃個飯，豐俊就要趕回台南，因為他實在不放心媽媽一個人在家。

希羽曾經旁敲側擊試探過豐俊要不要回台北，但豐俊不是顧左右而言他，就是要希羽再等一等，因為他認為媽媽比希羽母女更需要他。失望太多次之後，希羽也不想再問了，所以現在每次有人提到豐俊，希羽都會自嘲地說自己和豐俊不熟。

其實夜深人靜時，希羽常常問自己，這段婚姻為什麼還要繼續下去？既然兩個人幾乎是各過各的，平時少有聞問，真的需要對方時，人也不在身邊，自己就算很想念豐俊，他也不會知道，他就像個單身男子一樣過活，絲毫沒有回來團聚的想法。起初希羽也一再強調，就算分隔兩地，也要盡量多互動、多溝通，但豐俊一直都很被動、消極。時間一久，希羽覺得又累又失落，好像都是自己一個人在為這段婚姻盡心，越想越覺得不值，也對婚姻越來越失望。

在能量場上看到豐俊的父母相處有很大的問題，豐俊的媽媽太強勢，以至於夫妻感情不睦，但豐俊偏向母親這邊，覺得都是父親不好，常在心裡批判爸爸，認為自己可以是媽媽更好的伴侶，才會在能量上讓自己站到媽媽伴侶的位置，成為媽媽的依靠。同樣地，豐俊的媽媽也把心思都放在兒子身上，死命抓住兒子，心裡也是把兒子當成自己的陪伴和依靠（伴侶能量），因此很難不把兒子真正的伴侶看成介入自己和兒子之間的第三者。

希羽其實有兩個選擇。第一是選擇繼續留在這段婚姻裡，那麼就要好好地跟豐俊溝通，告訴豐俊她和女兒都很需要他，自己願意和豐俊一起孝順婆婆，但希望豐俊能回來一起生活。之前豐俊提過把媽媽接來台北同住的想法，但希羽想到要跟婆婆住在同一個屋簷下，就非常抗拒。其實生命中有很多問題是逃避不了的，只要用正確的方式和心態去面對，那些我們抗拒接受的事，往往沒有那麼困難。

希羽內心不能跟婆婆競爭，因為婆婆本來就比妻子更早跟先生結緣，但希羽也不該以小三的心態，想著乾脆把先生讓給婆婆，而是要在心裡敬重她，並且給予應有的祝福。

事實上，再怎麼強勢的婆婆，也都是希望孩子幸福。所以希羽如果希望婚姻幸福，最好不要和先生南北相隔，長期無法跟另一半連結，未來必然會有問題。如果豐俊沒空，希羽可以一個月帶女兒去台南一、兩次，製造夫妻倆聊天吃飯、溝通交流的機會，用漸進的方式建立連結，否則希羽的心安定不了，女兒也很難安定。

至於婆婆，希羽必須發自內心不跟婆婆對立。可以試著扮演媳婦或女兒的角色，才能讓老公比較放心。

重點是所有家人要各自歸位，畢竟伴侶的角色跟兒子的角色不同，豐俊不該站在媽媽伴侶的位置。希羽可以在心裡跟婆婆說：「妳的伴侶不是兒子，請婆婆尊重和祝福兒子跟媳婦。」然後每晚用祝福的心去改善和婆婆的關係，祈願婆婆找到自己的幸福，也讓豐俊站回兒子的位置。有機會的話，也可以請豐俊在心裡跟父親頂禮，內心不要再批判父親，給父親應有的敬重，把媽媽伴侶的位置還給爸爸。

此外，希羽如果想要維繫這段婚姻，就要願意好好地去認識豐俊、看到豐俊，並且允許豐俊來認識自己。見到豐俊時，可以抱抱他，並且告訴他：「我很想你，我們太少機會相處了，我很希望能被你擁抱。」希羽要讓豐俊知道自己需要的愛的語言是什麼，不妨告訴豐俊：「我們彼此都需要更了解對方，應該找時間好好相處。」而不是每次豐俊回來就充滿對他的不滿跟哀怨。即使嘴裡沒有說出來，我們的眼神、表情都會不自主地洩漏真實的情緒，讓對方不想靠近。

希羽的另外一個選擇，其實是去思考這段婚姻是不是她想要的。**我們無法改變別人，但可以選擇我們想要的關係**。如果不是自己想要的關係，希羽可以選擇放手，讓豐俊也能自由選擇自己的生命，而不是把兩個人都綁住，只能感到無奈卻動彈不得，哀怨地認為自己的生命卡住了。

如果很滿足現狀，這一切就不是問題；但如果不滿足，就要問自己：「我可以怎麼做，讓自己更開心，也讓對方更開心？」兩個人待在一段關係裡，如果雙方都只有哀怨，那麼就要考慮這段緣分是不是沒有那麼好。**生命不是只有**

一種答案，可以有很多選擇，沒有一個選擇是錯的，只是體驗不同。

我們很幸運不是活在強調貞節牌坊的時代，今天的社會對離婚不再那麼排斥，單親多元的家庭模式，已經被社會上的多數所接受，所以重點在於自己是否適應當下的狀態。希羽如果很喜歡這樣的婚姻模式，那當然不成問題，也還是有夫妻「相敬如冰」數十年，彼此都覺得這樣很自由、很好。並不是一定要如膠似漆的婚姻才是理想的，因為每個人的需求都不一樣，自己想走什麼樣的路，才是需要好好思考的重點。

凡事盡力了，就不會後悔。如果努力試了好幾種方式，豐俊都很冷淡、沒反應，希羽就應該告訴自己好好放手吧，因為女兒以後也會有伴侶，不要讓女兒誤以為一旦進入婚姻，就算不幸福，也只能認命。但在沒有結束這段關係之前，最好不要有新的伴侶，否則會讓事情變得複雜。

家庭難題有解

1.媳婦的內心不能跟婆婆競爭，因爲婆婆本來就比妻子更早跟先生結緣，但也不該以小三的心態，想著乾脆把先生讓給婆婆，而是要在心裡敬重婆婆，並且給予應有的尊重和祝福。

2.伴侶的角色跟孩子的角色不同，孩子不該選邊站在父母伴侶的位置，成爲父母其中一位的依靠和陪伴。

3.我們無法改變別人，但可以選擇我們想要的關係。如果不是自己想要的關係，可以選擇轉變或放手，讓伴侶也能自由選擇自己想要的生命，而不是哀怨地把彼此綑綁住。

4.兩個人待在一段關係裡，如果雙方都只有哀怨，那麼就要考慮這段緣分是不是沒有那麼好。生命不是只有一種答案，可以有很多選擇，沒有所謂的對錯，只是不同的體驗罷了。

案例2

不讓先生當夾心餅乾

汝萱的五歲兒子軒軒，早在三歲時就因為語言發展遲緩，被確診為自閉症患者。汝萱和先生本毅商量之後，決定辭掉外商高階主管的工作，專心在家照顧軒軒，成了專職家庭主婦，把重心放在兒子的早療和教養上；本毅則繼續在教學醫院擔任主治醫師，家中的經濟來源也不成問題。

汝萱和本毅結婚前，就已經答應婚後本毅不必天天回家過夜，因為醫師工作時間長，壓力又大，加上本毅很需要獨處，所以兩人說好只有星期五晚上才回家過夜，其他時間本毅就住在醫院的單人宿舍，星期六早上則回去媽媽家陪媽媽，等星期天吃過晚餐再回宿舍。

這樣的生活模式汝萱本來也習慣了，但自從軒軒開始接受早療後，汝萱常常覺得自己好像單親媽媽，有先生跟沒先生一樣。本毅一星期只回來一個晚上，而且有時候回到家，軒軒都已經睡了，婆婆又總是在星期六一早就會來電，催著本毅趕快回去。就算本毅帶著汝萱和軒軒一起去看媽媽，但只要回到婆婆家，汝萱就完全沒有和本毅單獨說話的機會，婆婆總是占據本毅所有的注意力，即使是兒子軒軒也總是被晾在一邊。

有幾次本毅帶著汝萱母子陪婆婆出遊，但汝萱覺得自己在場時，婆婆好像不太開心，或許覺得孫子跟兒子不是屬於她一個人的，所以一路上總表現得索然無味。幾次之後，汝萱決定週末還是讓本毅跟軒軒陪婆婆出遊就好，一來婆婆高興，二來自己也有空安排一些進修課程，皆大歡喜。

其實汝萱自己帶軒軒真的很吃力，因為特教的孩子必須付出加倍的關心，加上前陣子夫妻倆買的新房子落成，從挑屋、裝潢到搬家，整個過程都是汝萱自己獨立完成。好幾次她又累又倦，打電話跟本毅哭訴，問本毅能不能改成隔週週末再回媽媽家就好，這樣每個月至少有兩個週末的時間是一家三口單獨在一起，相處比較有品質，畢竟孩子需要爸爸多陪伴。然而，本毅一口回絕了汝萱的提議，對他來說，週六晚上到週日還是要優先陪媽媽。這讓汝萱既傷心又憤怒。可是本毅覺得自己每個星期五晚上已經有回家了，比起其他在中國工作的同儕，一年只回家一、兩次，汝萱應該要知足才是。

雖然汝萱對於這樣的婚姻感到失望，但因為想讓孩子有較好的成長環境，所以並不考慮離婚，就算本毅陪軒軒的時間很少，但聊勝於無。汝萱只能希望用更多柔情，讓本毅感受到家庭的溫暖，也許某一天就會決定把更多時間放在自己的家庭。

其實早在結婚之前，汝萱就已經見識到婆婆的厲害。婆婆是上市公司的財務長退休，工作能力非常強，汝萱和本毅還是男女朋友時，有一回婆婆私下找汝萱見面，開門見山就告訴汝萱，如果要嫁給本毅，就要有在家裡當啞巴的心理準備，因為在他們家，媳婦沒有說話的餘地。這個震撼教育，讓汝萱婚前就跟本毅說好婚後要在外面租房子，本毅心想，反正自己也很少在家，就答應了汝萱的要求。

從能量場上看到，本毅很在乎軒軒，但又怕太過注重自己後來的家庭，會讓媽媽傷心，所以本毅雖然也很想多關心汝萱，但又覺得這樣好像背棄了媽媽，內心感到很為難。

汝萱如果跟婆婆一直處在二元對立的狀況，本毅就要選邊站，所以我們請汝萱在心裡跟本毅說：「婆婆是我們的媽媽，你不需要選擇其中一個。」一旦本毅不必在兩個女人之間做選擇，反而能夠往妻子靠近。汝萱如果能跟本毅站在同一陣線，一起孝順婆婆，把婆婆的情緒還給她，即使婆婆不會立刻接受汝萱，情況也會慢慢改善。

能量場上可以很清楚看到汝萱的公婆在相處上有很大的問題。婆婆心裡覺得公公很沒用，因此把注意力都放在兒子身上，從頭到尾內心最在意的就是兒子；至於孫子，雖然她也很疼，但並不如對待兒子那麼重視。而從本毅讀高中時就得了憂鬱症的公公，從頭到尾只想躲起來，什麼都不想面對。只是公婆之間的問題並不是汝萱可以處理的，只能選擇尊重他們之間的功課和關係，在心裡祝福他們。

汝萱可以把婆婆的情緒還給她，在心裡對婆婆說：「請婆婆祝福我們。」婆婆因為看不到自己的先生，把兒子看成伴侶，才會把汝萱看成小三。其實婆婆心裡也很渴望被公公愛，只是一個強勢的女人不知道如何示弱才能得到丈夫的愛，公公又一直不理會強勢的婆婆，所以她的內在很難過，才會死命想抓住兒子。若是汝萱對婆婆多些同理，婆婆就會慢慢退回自己的位置。

其實在能量場上，汝萱也沒有真正看到本毅，因為她滿腦子都只有軒軒。

雖然看似為了家庭和樂，自己選擇和平退出，讓本毅把時間都花在原生家庭上，但汝萱應該回歸自己的生命位置，面對該面對的事情。一味選擇息事寧人，不能真正解決問題。

週末的時候，汝萱不妨偶爾陪先生回去看婆婆，偶爾自己去上課進修。只要夫妻關係和睦，孩子也會跟著越來越好。

能量場上還可以看到軒軒很關注媽媽，雖然他的語言表達不那麼好，但其實是個非常貼心的孩子。如果媽媽沒有真正活出自己，或是過得不好，孩子就會有無力感，所以汝萱也要在心裡跟軒軒說：「這是媽媽的功課，跟軒軒無關，你只要把自己的日子過好。媽媽是自己生命的主人，會自己站起來，會活出自己想過的生活。」當媽媽很有力量，孩子的動力就會出來。

台灣很多家庭都有老一輩夫妻感情不好的問題，所以很多婆婆死命想控制兒子，養出一堆不敢違逆母親的媽寶，而跟媽寶結婚，婚姻很容易出問題。如今已經四、五十歲的女性還算順從，但現在二十幾歲的女性日後成了媳婦，就不會那麼逆來順受，不甩那些框架，被說不孝就不孝，也就是現代人所謂的「逆媳」。

其實孝順並不是一定要對父母言聽計從，絲毫不能有自己的聲音、意見、想法；如果完全服從父母的指示、欲望和控制，那只是愚孝。孝應該是一種關心、尊重和同理，並不是要完全失去自己、失去生命動力，只為了達成父母想要塑造的樣子。

汝萱可以多體諒本毅夾心餅乾的處境，理解婆婆本來就比較強勢，所以一旦本毅感覺被逼迫，自然而然會想逃避。她可以調整方式，在每週五本毅回家時，表達出真心的喜悅，也讓軒軒多跟爸爸撒嬌，本毅如果覺得回家是件放鬆開心的事，就會越來越喜歡回家。

雖然汝萱現在很辛苦，但只要現在種下的因是對的，日後收到的果就會是好的。即使過程中難免起起伏伏，一定也可以活得越來越自在。

♥家庭難題有解

1. 如果父母沒有眞正活出自己，或是過得不好，孩子就會有無力感。一旦父母很有力量，孩子的動力就會出來。

2. 孝順並不是要對父母言聽計從，絲毫不能有自己的聲音、意見、想法。孝應該是一種關心、尊重和同理，並不是要完全失去自己、沒有自己的聲音，只為了達成父母想要塑造的樣子。

3. 夫妻如果能多體諒對方的處境，調整方式，在相處時表達出真心的欣賞和喜悅，讓伴侶覺得回家是件放鬆開心的事，對方就會越來越喜歡回家。

案例3

我也可以不完美

五歲的小岳已經學鋼琴一年多，對這麼小的孩子來說，練琴真的是一件苦差事。但學鋼琴如果只是上課，卻不花時間練習，根本一點效果也沒有，所以媽媽友蓉嚴格要求小岳，上完鋼琴課之後，每天最少都要練習一小時，直到把老師教的曲子都練熟為止。

友蓉當初決定讓小岳學鋼琴，其實是因為小岳在一歲多時右手受傷開刀，雖然傷口早已癒合，也沒有留下明顯疤痕，小岳卻因此很少使用開過刀的右手，自然而然成了左撇子，左手的靈活度比右手好得多。友蓉心想，彈鋼琴也許是個滿好的復健練習，透過鋼琴讓小岳多使用右手，伸展右手大拇指，活動右手肌腱和關節，也許可以讓小岳右手的靈活度不至於和左手落差太大。

雖然讓小岳學琴的目的不在於要彈得多棒，而是一邊學習，一邊復健，但友蓉覺得既然要做，就一定要做到最好。所以，就算小岳覺得練琴再痛苦，友蓉也堅持一定要他全部練到滾瓜爛熟。

小岳到現在已經學了一年多，每次學新的曲目，還不太能練一次就上手，不可能第一次就彈對，往往需要一練再練，才能慢慢熟練，越彈越好。但小岳每次覺得自己彈得不好時，總是會跟媽媽說：「我彈得好爛喔，我覺得自己好爛，我真是個爛小孩……」臉上帶著挫敗又懊喪的表情，好像自己真的很沒用。

看著五歲的小岳說出這樣的話，頹喪地否定自己，友蓉突然覺得很熟悉。她想起自己小時候也是這麼嚴厲要求自己，有強烈的自我批判傾向，但也因為自我要求高，所以很多事可以做得比較好；時間一久，大人也就習慣品學兼優的友蓉凡事都要做到一百分，如果今天友蓉只拿到八十分，那就是表現不好，需要檢討。

想到這裡，友蓉突然心中一緊。她意識到自己居然在無意間過度自我要求，苦苦逼迫自己，甚至把必須滿足家人或長輩的壓力，傳承給了還那麼小又體貼善解人意的小岳。

這個覺察讓友蓉既驚心又難過。她從小就活在眾人的期待和掌聲中，很多時候其實是忽略了自己的真實感受和需求，為的就是不要讓大家失望，結果讓自己活得好辛苦，甚至錯過了生命中很多美好的事情。她真的不願意小岳也跟自己一樣。

友蓉跟鋼琴老師討論小岳練琴的狀況，沒想到老師的反應也是說，像小岳這麼大的孩子，每次能專注的時間最多只有十五分鐘；與其逼孩子坐在鋼琴前既痛苦又漫長地練習，不如跟孩子說好，每天就練十五分鐘，不求時間長，但求讓孩子覺得好玩、有成就感。於是友蓉跟小岳約定，每天就彈十五分鐘，如果今天學了新曲子，就從頭到尾彈過一次，看看練到第幾次，小岳可以變得很熟練。這個設定讓小岳對練琴不再抗拒，反而在練習時很投入，想看看自己要練多少次才會變得很厲害。

聽從鋼琴老師的建議，跟小岳一起調整練琴時間後，友蓉覺得自己心中好像卸下一塊大石頭。以前總逼著小岳每天都要練到全部彈對才能結束，強勢要求的結果，讓友蓉和小岳的親子關係變得緊張；現在友蓉把標準放寬了，就算彈不好也沒什麼關係，重點是能保有學習的樂趣。這個改變不但讓小岳覺得練琴不再是苦差事，母子倆的感情也變得更好，甚至還讓友蓉有機會去看到自己從小到大因為要求完美，而不斷批判甚至鞭打自我的問題，開始願意鬆綁自己。

友蓉還可以跟小岳一起去看到自己不是那麼完美的地方，並常常提醒自己，**記得把行為跟人分開來看**。在小岳練到瓶頸時，友蓉可以告訴小岳：「你只是還不習慣練新的曲子，這並不代表你很爛，就只是還不熟悉而已。**你的行為不等於你，你只是有些事情還沒做到符合自己的期待，還在努力創造、學習中，這跟你是不是一個很棒的人沒有關係**。你永遠是一個很棒的孩子，只是有些事還需要學習，才能做得更熟練或更好，但這些都可以慢慢學，不會影響你本身美好的本質。」

如此一來，孩子才不會因為一件事做不好，而全盤否定自己，因為**人的行為、言語都可以透過外在努力產生變化，但生命本質並不會變，永遠都是那麼美好**。友蓉在督促小岳練琴的同時，一定要記住真正的理由是因為愛，是為了讓小岳活動手部，而不是他彈得好不好。

其實孩子學鋼琴也好、讀書也好，很多知識的學習，往往都只是一個技能，只要持續學就一定會繼續進步，重點是孩子是否能保持對學習的興趣和動力。

還有，在學習的過程中，孩子有沒有學會面對挫折的能力？學習的過程必然會有挫折感，而挫折感可以是一種輔助動力，只要持續做下去，挫折感就會慢慢消失，取而代之的是真正克服困難後所建立的自信。

友蓉很容易給自己太大的壓力。適度的壓力可以幫助我們做得更好，但如果壓力太大，就可能帶來傷害。友蓉本來就是比較敏感的人，一直以來，無論是生活上或工作上，只要遇到沒能一次就做到完美，內心就會感到恐懼、沮喪。

建議友蓉日後如果又發生類似狀況，可以先停下來，不要讓自己沉浸在恐懼或沮喪的狀態中，並且有意識地練習照顧自己的情緒感受。以往友蓉總習慣過度承擔，為了其他人，把自己的需求順位不斷往後挪，導致常常忽略自己；她若能有意識地關注自己的需求，一旦需求被滿足了，心裡的不平衡感就會少很多。

♥家庭難題有解

1. 還沒有熟悉某些技能不代表自己很差，你只是有些事情還沒做到符合自己的期待，還在努力創造、學習中，這跟你是不是一個很棒的人沒有關係。

2. 適度的壓力可以幫助我們做得更好，但如果壓力太大，就可能帶來傷害。一旦發現自己因爲不夠完美而壓力大增時，可以先停下來，不要讓自己沉浸在恐懼或沮喪中。試著有意識地練習照顧自己的情緒感受，一旦需求被滿足，就會減少很多心理上的不平衡。

案例4

無愛症

宛綺的九歲兒子維維從小就很敏感，一直很黏宛綺，尤其妹妹出生後，維維對媽媽的依賴變得更強烈了。而且維維對妹妹很不友善，每次媽媽在幫妹妹洗澡、餵奶時，維維總是大哭大鬧，非要媽媽放下手上工作過來抱抱才會消停。

其實宛綺面對維維的心情也很複雜。身為媽媽，她當然很愛孩子，但一直以來宛綺都覺得自己跟孩子的連結很勉強，好像愛很難流進來，總覺得自己空空的。

這種感覺或許跟宛綺從小的生活經驗有關。宛綺的爸爸在她出生前就過世了，媽媽在懷孕五個月時遭逢喪夫之痛，孩子出生後，每次看到宛綺就想到已經不在人世的丈夫，所以生下宛綺沒多久，媽媽就選擇離開，把宛綺留給公婆撫養，自此音訊全無。到現在宛綺都四十多歲了，卻從來沒有看過媽媽。

雖然阿公阿媽對這個爸爸媽媽不在身邊的孫女疼愛有加，但宛綺總覺得自己很可憐，是個受傷的人，所以沒有能力愛人。

宛綺從小就自我要求非常高，對自己很嚴格，所以也對維維非常嚴格；直到後來有了女兒，宛綺才慢慢感覺到愛的流動，也因此察覺到自己對維維的包容性很小。這幾年宛綺一直覺得很對不起兒子，總想著要好好彌補他。

剛結婚時，宛綺很高興自己終於有了可以叫「媽媽」的對象，所以經常把婆婆掛在嘴上。但先生跟婆婆的關係也非常緊密，對於宛綺這麼在意媽媽，先生反而感到吃味，夫妻兩人常為了婆婆的事吵架。宛綺也察覺到自己好像在跟先生搶媽媽一樣，直到後來有意識地把婆婆還給先生，夫妻關係才得以改善。

對於母親在生命中缺席的遺憾，宛綺一直覺得心很痛很痛，她不知道自己為什麼會是一個沒有爸爸媽媽的孩子。

宛綺的爸爸雖然是在媽媽懷孕五個月時就過世了，但宛綺感覺自己好像參加過爸爸的喪禮，生命中從來都沒有擺脫那股強烈的哀傷。爸爸是過世才無奈離開，所以宛綺對父親沒有太多情緒，只是宛綺不懂，為什麼媽媽把孩子生下來之後，卻不負責任地丟給別人撫養，讓宛綺成為沒父沒母的孩子。這種強烈的被遺棄感，讓宛綺無論如何都無法原諒母親。

其實像宛綺這樣的孩子並不是單一個案，但這個世界上沒有一個人是沒有爸爸媽媽的，如果沒有爸爸媽媽，宛綺不會來到這個世界。說起來，宛綺只是跟親生父母的緣分較短、較淺，但宛綺能夠好好活到今天，一定有其他的人和資源進到她的生命，才能平安長大；對宛綺來說，她跟這些人的緣分比跟父母來得深。

宛綺不需要強迫自己去原諒、祝福或愛媽媽，因為這種強迫往往帶著無奈、怨恨，或者憤怒，她只要去接受事實就好。雖然宛綺希望媽媽不要離她而去、可以照顧她，但事實就是媽媽離她而去，沒有照顧宛綺長大。宛綺**只要接受事實，不需要強迫自己去感恩或原諒母親，如此一來，內心自然可以平靜下來**。

透過能量場看到宛綺的媽媽在生產完，面對喪夫的巨大無助感，讓她不知道怎麼養大孩子，但幸好宛綺活下來了，媽媽也因此覺得欣慰。我們請宛綺想像媽媽就在面前，跟媽媽鞠躬，對著媽媽說：「謝謝媽媽把我生下來，但是媽媽不應該遺棄我，您的遺棄讓我很痛苦，現在我把這個遺棄的責任歸還給您。我知道媽媽很想愛孩子，我也很愛我的孩子，但是媽媽有不得已的地方，所以我接受這個狀況。我知道您當時的無力和無助感，覺得不知道如何單獨把我養大，因此把我託付給祖父母，所以我活下來了，也活得很好。我現在也是一個媽媽了，我會選擇好好愛我自己，這也是我這一輩子的功課，請媽媽祝福我就好。」我們請宛綺把媽媽的祝福接進來，再告訴媽媽：「您無法面對的，我會學習去面對，謝謝媽媽。」

有一個術語名為「無愛感」，又稱「缺愛症」，這是指一個人內在有種深層的無力感，一種沒有愛的感覺。人無法給別人自己沒有的東西，宛綺的兒子之所以會一直想跟妹妹爭寵，可能是因為宛綺在懷第一胎時，感受不到自己的母愛，所以無法給兒子愛；但到了生女兒的時候，宛綺內在能夠感受到愛，因此可以給女兒愛，這時候兒子會覺得：「為什麼我沒有，妹妹卻有？」所以才會一直想跟妹妹爭寵，要爭取媽媽的愛。

孩子很敏感，媽媽對待手足的方式如果跟自己不一樣，孩子一般都能感受到。事實上，母愛並不會因為給了一個孩子，就沒辦法給其他孩子。愛就像陽光一樣，可以普照每一個人，源源不絕。

如果媽媽的內在能夠好好感受到被愛（人只要存活下來，一定是被愛的，無論是被長輩、被老天，或是被陌生人愛護，畢竟一個嬰兒是無法靠自己活下來的），感受到生命中自己接受過的愛，讓自己充滿愛的能量，那每個孩子都可以同時感受到母愛。一旦孩子都能感受到媽媽的愛，就沒有爭寵的問題，因為愛不再是一種稀缺資源。

我們所有的想法都是建立在過去的學習和經驗上，可能是小時候習得的。宛綺也許一直在想：「媽媽怎麼會離我而去？」「媽媽怎麼會沒有照顧我？」不妨試著重建跟媽媽之間的連結，去理解媽媽當時的感受，那些無可奈何之處。要放下跟上一代之間的怨懟或責怪，宛綺的心才不會被卡住，在面對孩子時也才不會不知所措。

沒有人會想要刻意做個壞媽媽，但我們會受到環境和過去經驗的影響及制約。即使在懷老大時沒有足夠的能力去愛，宛綺也不需要對孩子有愧疚感，就像宛綺的媽媽，因為生下宛綺時整個人都空掉了，只能先想辦法讓自己活下來，所以彼此都不要感到內疚，每個媽媽都已經盡自己當時最大的努力了。

每個人生命的遭遇都有最好的意義在裡面，如果一個人出生之後都是處在充滿愛的環境裡，也未必是件好事，因為他可能無法理解為什麼有人會不愛他、別人為什麼對他不好，或別人的家庭為什麼不是充滿愛，甚至他以後遇到不一樣的伴侶家庭時，就很難同理他人的處境。所以小時候沒有被媽媽愛不見得就比較不好，宛綺不需要帶著內疚，因緣就是如此。更何況任何的關係都是流動性的，會不斷改變，如果可以從現在開始愛和關心兒子，母子之間的關係就會開始好轉。

不可諱言，缺愛症或無愛感跟原生家庭有直接的關係，但過去的已經過去，要讓自己有愛的話，無非就是要懂得愛自己。

宛綺要從內在相信，無論父親過世或母親離開，自己都是一個值得被愛、擁有愛的小女孩，就跟其他所有父母陪著長大的孩子完全一樣，都是被上天所愛著，被上帝、宇宙、被自己的內在能量那種踏實而肯定的愛所眷顧。

愛自己有很多方式，願意接納和欣賞自己是一個起點。當宛綺的憂傷或無愛感又出現，或者自覺不如人、委屈的感覺跑出來時，不要急著進入那樣的劇情裡，也不要只想擺脫這種感覺，試著讓自己好好體驗，去接納自己的一切，包括自己的遭遇、自己的生平。接納每次無助時出現的痛苦與悲傷，充分地跟這種感受待在一起，勇敢面對，同時也欣賞那個願意面對和改變的自己。慢慢地，生命的滋養力量就會源源不絕湧現。

每個人都有過不太好的經驗，都有自己的功課，一旦有了創傷，學習過程就會改變一個人的特質或想法，那往往是成長的契機。至於能否成長到更成熟圓滿的狀態，或是因此而變得偏激，就看個人的選擇。其實只要能跳脫原有的思維，看事情的角度就會不一樣，結果也會不一樣。

創傷帶給我們的禮物，就是學習的機會，端看我們願不願意走出來，走到更高的層次，這是每個人要去思考的。

♥家庭難題有解

1. 如果父母沒有負起養育孩子的責任，孩子不需要強迫自己原諒、祝福或是愛父母，只要接受事實就是這樣就好了，毋須給予評論。
2. 缺愛症或無愛感經常跟原生家庭有直接關係。學著從內在相信，無論父母親過世或離開、無論父母過去如何對待自己，自己都是一個值得被愛、擁有愛的人。

3. 愛自己有很多方式，願意接納和欣賞自己是一個起點。當憂傷或無愛感又出現時，不要急著進入那樣的劇情，也不要只想擺脫這種感覺，試著讓自己好好體驗，接納一切，充分地跟這種感受在一起，欣賞願意勇敢面對和改變的自己。

4. 每個人都有過不太好的經驗，一旦有了創傷，學習過程就會改變一個人的特質或想法。創傷帶給我們的禮物，往往就是學習的機會。

案例5

把自己的需求找回來

瑤瑤和立宙結婚多年，因為沒生小孩，家裡就夫妻兩人，日子過得輕鬆單純，加上婆家和娘家都住得不遠，所以探訪互動很方便。

很多朋友都羨慕瑤瑤的生活，既不用為孩子操勞，也不必和公婆同住，經濟穩定，自由自在，真的很幸福。但瑤瑤這幾年越來越為自己感到委屈，總覺得好像沒有真正為自己活過。

瑤瑤的情緒類型是感受型，立宙則是視覺型，所以兩個人相處時，瑤瑤總是會去配合立宙的需求。接觸能量醫學和正念的課程之後，瑤瑤才發現原來自己一直以來都是一個執念很強的「和諧魔人」，從小到大都很害怕衝突，在任何情況下，都不自覺地希望外在世界能夠永遠保持和諧與平靜。

過去瑤瑤從來沒有察覺，自己有能力感受到別人沒說出口的需求，然後下意識主動去配合他人。就像有時和立宙上館子，立宙問瑤瑤要吃日本料理還是義大利麵，瑤瑤明明想吃日本料理，但如果察覺到立宙想吃的是義大利麵，瑤瑤就會跟著說義大利麵。她總覺得自己無所謂，什麼都可以，從不認真看待自己真實的需求，甚至已經完全覺察不到自己的意見是什麼，到後來早已習慣去配合立宙。

問題是，立宙從頭到尾都不知道，瑤瑤原來是放棄自己的需求來配合他，還以為瑤瑤的選擇正好跟自己一樣，所以從來不會特別感謝瑤瑤。

時間一久，瑤瑤會覺得為什麼都是自己在配合對方、替他著想，而立宙從不為她著想，所以覺得自己很委屈。但立宙對這一切根本毫無所悉，只覺得瑤瑤從順從且小鳥依人變得喜怒無常，老是噘著嘴不高興。

知道自己感受型的特質後，瑤瑤現在經常提醒自己去看清楚當下到底要什麼，特別是在溝通時，不要又落入以前的模式，一味地去滿足對方的需求，不作他想地把自己的需求都拋掉。

有一天，瑤瑤跟立宙去吃陝西料理，因為只有兩個人，點不了太多菜，點主食時，立宙說：「那點烤饃就好了。」要是以前，瑤瑤一定會同意，但那天瑤瑤察覺到自己想吃飯，所以就多點了一碗飯。對立宙而言，瑤瑤想吃什麼就點什麼，他並不會因此感到不高興。

開始留意觀察自己的念頭變化後，瑤瑤發現真的有很多內外不一致的情緒反應，尤其是自己對外面的人很有耐心，可是一遇到立宙，就容易一秒爆炸，兩個人常常落入對彼此不耐煩的互動模式中，情緒動不動就一觸即發。

瑤瑤回去檢視自己和立宙的對話，發現自己常常在心裡批判他，除了不喜歡他的某些觀點或做法，還會認為他應該怎麼樣，卻沒有怎麼樣，所以兩人才會吵起來。瑤瑤覺得實在不應該責怪對方不耐煩跟自己互動，因為自己根本從頭到尾也沒有好好表達。這麼一想，瑤瑤心裡的結就鬆了。

沒想到隔沒多久，立宙突然傳了一則訊息，完整陳述之前因為沒講清楚，導致兩人不愉快的某件事，一口氣解釋清楚了。這讓瑤瑤很驚訝，原來當她自己願意放下，打從心裡不去責怪對方時，能量的流動很快就會傳給對方，兩個人之間的互動就有了新的可能。

瑤瑤也有意識地開始訓練自己去覺察，當一些小小的不耐煩出現時，不要被這樣的情緒帶動，反而要提醒自己用比較好的口吻表達，才不會重複過去的模式，因為如果自己的情緒不好，丟出去的就是很糟的能量，接收到的能量自然也會很糟。

當然，並不是一經調整，溝通就不再有問題，有時候瑤瑤會發現和立宙溝通還是很困難，因為立宙也有他的堅持和壓力。所以瑤瑤會先在心裡用能量的方式溝通，把自己的堅持放下，調整好自己的能量，然後再去找立宙溝通，這時往往效果好很多。原來，放掉對方應該怎麼樣的期望，在溝通時，對方也會因此少了很多抗拒，彼此都變得比較柔軟有彈性。

除了和立宙的互動，瑤瑤也調整和婆婆之間的互動模式。

結婚十多年，瑤瑤一心想當一個好媳婦、好太太，但是婆婆很強勢，所以每次要去面對婆婆前，瑤瑤總要先深呼吸好幾次。後來她發現，原來自己在面對婆婆時，一直處於防備武裝的狀態，散發出來的能量是緊張、不友善的，於是瑤瑤決定放輕鬆。沒想到這一次見到婆婆，感受到的能量場完全不一樣。

瑤瑤發現，心甘情願去做一件事，別人也會感覺得到。婆婆要我們做的事，真的願意做才去做；如果不願意做，就勇敢選擇不做，即使別人情緒勒索我們，也不必為他們的情緒負責。

人的很多不開心，其實都是自己腦補想像出來的，當我們願意散發溫柔的能量時，別人才會回給我們溫柔的能量。**在試圖找到合適的方法跟對方溝通時，要先放下期待，自己越平靜、越放鬆、越沒有期待，對方的柔軟度和開放性才會越大**。

覺察到自己有一個想法、一種感受時，不要受其干擾或影響而馬上回應，不妨試著去觀察這個想法或感受。雖然要觀察自己並不容易，可以先試著專注地呼吸，深而慢地呼吸幾次後，再慢慢調整到自然的呼吸，就會平靜下來。也可以搭配一些能量調整運動（參見本書第三部分「練習篇」正念與能量運動的練習，或陳德中、許瑞云的書與能量ＤＶＤ）。當內心夠平靜，往往能覺察出很多東西。

有時我們踏進一座修行的禪寺或教堂，會發現這個空間的頻率很不一樣，心很快就跟著靜下來，整個人也覺得很舒服；或是遇到某些人，就感到很放鬆。人和人的能量也像這般，會互相影響，如果希望自己能夠對人帶來正面影響，就不要企圖把別人的點扭轉成跟我們一樣，但也不需要刻意避免衝突，因為人和人之間本來就一定會有意見不一樣的地方，互相尊重就好。

瑤瑤其實可以多跟立宙分享，立宙一定會感受到她的變化，而想跟著做出改變。人生無常，可以為生命中重要的人服務的機會難得，因緣出現時，就好好珍惜。

我們對人常有很多制式的標籤，雖然很難馬上撕掉，但可以經常提醒自己去覺察；一旦發現又有這樣的念頭，就趕快把執念拿掉。慢慢會發現，其實很多煩惱都是自我預設的結果。

能量沒有時空，心念一轉，能量就跟著轉。心念一秒鐘的轉變速度，可以是「光」跑好幾年的距離，所以只要心念改變，外在就開始不同。如果今天帶著生氣的情緒出門，一定會遇到很多讓人生氣的事情。**大多數人都是心隨境轉，但其實只要把自己調整好，心是能轉境的。**

應觀法界性，一切唯心造，只要先把自我內在的身心系統調整好，外在一定會跟著慢慢越來越好。

♥家庭難題有解

1.如果一直處於防備武裝的狀態，散發出來的能量也會緊張、不友善。當自己願意放下，打從心裡不責怪對方時，能量的流動很快就會傳給對方，兩個人的互動就有了新可能。

2.心甘情願去做一件事，別人也會感覺得到。真的願意做才做，如果不願意做，就勇敢選擇說不，但是態度要堅定柔和，即使別人情緒勒索我們，希望我們聽從，也不須爲他們的情緒負責。

3.在尋找合適的方法跟對方溝通時，要先放下期待。自己越平靜、越放鬆、越沒有期待，對方的柔軟度和開放性才會越大。

4.能量沒有時空，心念一轉，能量就跟著轉。心念一秒鐘的轉變速度，可以是「光」跑好幾年的距離，所以只要心念改變，外在就開始不同。

案例 6

不是你的錯

毓如跟誠建終究還是離婚了。他們本來是大家都非常羨慕的一對，兩個人交往多年，對彼此有很深的了解，價值觀也很相近，婚後還生了一個可愛的孩子。如果不是因為大寶遭逢意外，小小年紀就不幸離世，毓如和誠建的婚姻也不至於走不下去，讓原本幸福恩愛的夫妻，走到勞燕分飛的結局。

大寶病危那段期間，毓如整個人慌亂到不行，她從來沒有想過自己怎麼會遇上這麼可怕的事。直到大寶離開，毓如都以為是一場惡夢，怎麼知道這場惡夢再也沒醒來。

從一開始的日日以淚洗面，到後來悲傷開始轉為憤怒，毓如不知道自己到底做錯了什麼，老天爺才會讓自己失去孩子。那陣子毓如每天都充滿怨恨，滿溢的怒氣無處宣洩，覺得這個世界上所有的人都對不起她，每天都想找人吵架，而誠建就是最好的人選。

雖然誠建知道毓如很傷心，但自己其實也承受和毓如一樣的傷痛，日復一日的爭吵、冷戰、謾罵、指責，對兩個一樣傷心欲絕的人來說，都只是讓傷口一再受創，根本沒有癒合的機會。兩人終究只能結束這樣的生活，沒能攜手走過孩子離世的巨大創痛。

現在的毓如，跟第二個先生已經有了一個孩子，但毓如知道自己還沒有完全走出大寶離世的陰影，而要能真正前進，毓如首先要跟前夫誠建和解。

能量場上，毓如想像自己看著眼前的誠建，對著他說：「很抱歉我把孩子的離開全都怪罪在你身上，其實是我們跟孩子的緣分到了，不是你的錯，也不是我的錯，我們都盡力了。這就是孩子的命運，是我們跟孩子的緣分，我們已經是最好的父母了。很感謝你的支持和陪伴，祝福你能夠找到你的幸福，也希望你能祝福我。」

毓如的內在還有很多當初沒能表達出來的哀傷和憤怒，她必須要去看到，並且放掉這樣的情緒。我們請毓如觀想那些情緒，就像看到大寶離開時自己在哭泣尖叫的情境，看著不斷問著「為什麼是我？為什麼要帶走我的孩子？」的自己，然後把內心那些感到不公平的能量釋放出去，不要再刻意壓制。

毓如也要想像自己跟病中的大寶說：「媽媽好捨不得你走，媽媽還沒有準備好讓你離開，我真的很想跟著你一起去，但是媽媽的時間還沒到。媽媽會好好活下去，也祝福你順利去到下一個旅程。謝謝你的陪伴，你是一個很棒的孩子，媽媽會在心裡一直記得你；你的爸爸也是一個很棒的爸爸，他也很愛你，請帶著我們的愛，去到下一個旅程。」

當我們有強烈的內疚感時，很多時候反而會不斷指責他人，那是因為過於自責，內疚到痛苦不堪，難以承受，所以只好把責任推到別人身上，而最親近的人，常成為被指責得最厲害的對象。

其實大寶的離世，根本不是毓如或誠建的錯，但是這麼巨大的生命創傷，很容易導致原本相愛的兩個人承受不了，沒辦法繼續共同生活，最後只有走上分離一途。但人和人的緣分很難講，當我們願意放下的時候，還是有機會可以再看到彼此，或願意誠心地祝福彼此。

毓如能夠站起來，勇敢地提出要跟前夫和解的需求，其實真的非常不容易。雖然只是在能量場上跟誠建和解，看似好像一個儀式，但真實世界裡，心念一旦有了轉變，能量就開始跟著變動。無論是毓如或誠建，都已經踏出繼續往前走的步伐了。

毓如自己的不安如果能夠慢慢放下，除了讓自己釋懷，對和現任丈夫所生的孩子也會有很大的幫助。毓如剛上小一的兒子，每個星期一早上都會出現嚴重的分離焦慮情緒，每次毓如送他進教室，離開時總會聽到兒子在教室裡撕心裂肺的哭聲，搞得毓如現在一到星期天晚上，就開始擔心隔天兒子又要上演孟姜女哭倒長城的劇碼，所以根本就睡不好。此外，兒子還有個壞習慣，就是睡覺時會吸吮自己的大拇指，無論怎麼幫兒子改都改不掉。

小孩子很容易感應到母親的狀態，如果媽媽的情緒焦慮不安，小孩就會很不安，出現一些反應或行動。毓如兒子的這些表現，都是源自不安全感，一旦孩子慢慢有了安全感，這些行為就會有所改善，因為不安的因去除了，不安的果自然會跟著消除。

只要母親穩定，小孩的問題就會改善；但如果母親的課題無法即刻獲得改善，也毋須焦急，因為孩子也有他自己的生命課題。對孩子而言，學著去面對因應不安全感，也可能是此生的功課。

所有過去的創傷，都會在大腦裡留下烙印。情緒和事件往往串連在一起，如果情緒壓抑下來、一直沒有放掉，我們的念頭就會在潛意識裡一直繞，不斷影響我們；而當我們的情緒浮動，周圍的人也會受我們影響而跟著浮動。所以如果意識到自己有什麼不安的情緒，一定要想辦法釋放，對自己與他人的關係會有很大的助益。

家庭難題有解

1. 眞實世界裡，心念一旦轉變，能量就開始變動。只要願意提出和解的需求，就算只是在能量場上跟對方和解，也有助於釋放彼此沉重糾結的能量。
2. 如果媽媽的情緒焦慮不安，小孩就會很不安，進而出現一些反應或行動。只要孩子慢慢有了安全感，這些行爲就會有所改善。
3. 母親的課題就算無法即刻改善，也毋須焦急，因爲孩子也有他自己的生命課題。對孩子而言，學著去面對因應不安全感，也可能是此生必要的功課。

4. 過去的創傷，都會在大腦裡留下烙印，如果一味壓抑情緒，這些念頭就會不斷影響我們。所以一旦意識到自己有不安的情緒，就要想辦法釋放。

PART III
練習篇

全書能量運動與正念練習總整理

練習1

視覺型能量處理法

用視線畫出「∞」（無窮）的符號，練習對在乎的人事物看順眼。

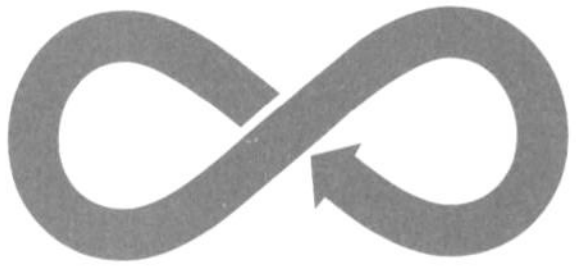

練習2

邏輯型能量處理法

一手放在後腦，另一手放在心輪，連結身體（心）跟大腦。

練習 3

聽覺型能量處理法

先用左手蓋住左耳，再以右手四指輕敲左手手背（第四指和第五指間凹陷處），一面敲、一面吸氣或吐氣，換手後重複。也可以把右手放在心窩，然後以左手敲打右手手背（第四指和第五指間凹陷處），可以用來處理恐慌與不安。如果遇到不友善的人，可以邊敲邊告訴自己：「我很安全，我們都只是來人世間演一齣戲而已，沒有什麼過不去的。」

練習 4

感受型能量處理法——交叉運動

將右手放在左肩上，然後往右下方快速滑過身體，直到右臀位置，再換以左手做同樣動作，並重複以上動作三次。像這樣以雙手交替的方式，用一點力道，讓能量交叉，滑過身體。

接著，抬起左腳，以右手上臂敲擊左腳大腿處，再換成抬起右腳，以左手上臂敲擊右腳大腿處，雙手重複交叉運動，大約三十到四十次。交叉運動用站姿或坐姿都可以練習。

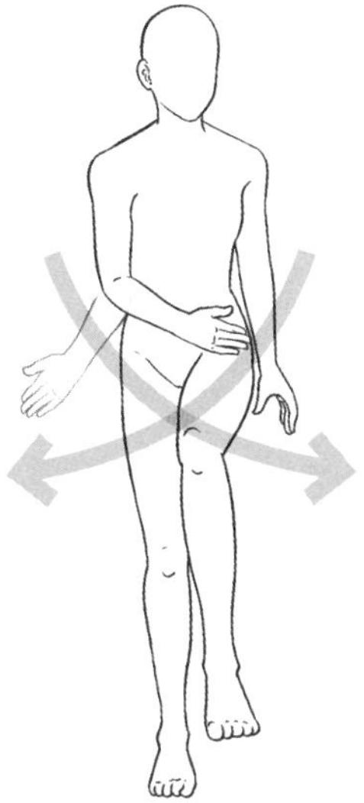

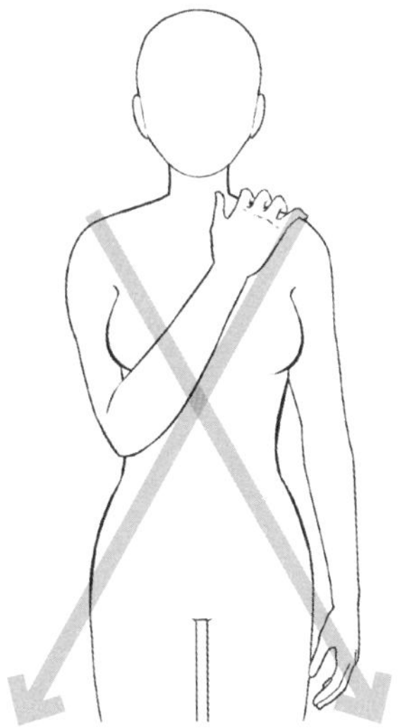

練習 5

感受型能量處理法——韋恩庫克運動

呈坐姿，將左腳抬到右腳上，再以右手握住左腳的腳踝，左手則拉住腳尖位置。吸氣時，手施力將腳往自己身體的方向拉攏；吐氣時，手腳放鬆。重複三次後，再換腳，以同樣動作重複三次。

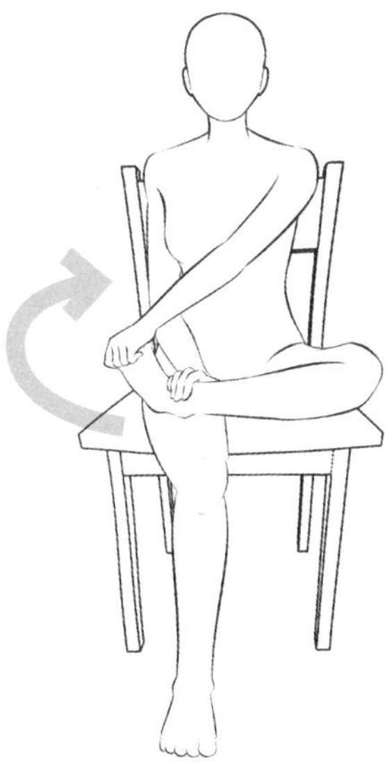

接著，用兩隻手比成三角形，大拇指放在兩眉的中間，深呼吸三次。之後，兩手一到四指的手指放在額頭的中央，往下輕按一下，再往兩側拉開。

這個動作可以改善注意力不足的問題。

練習6 感受型能量處理法——背部淋巴排毒運動

請別人用雙手手掌放到你的背後，在脊椎兩側的位置由上往下刷，直到臀部，重複數次即可。

感受型人做背部淋巴排毒運動會特別有感，但其實任何類型的人都適合做，有助於定期清理，平衡能量。

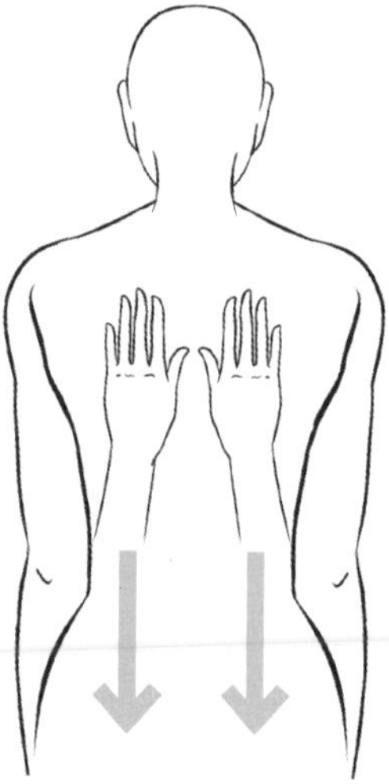

練習7

消除負面情緒——EFT敲打法

①雙手打開，手心朝上，兩手呈手刀姿勢互敲。

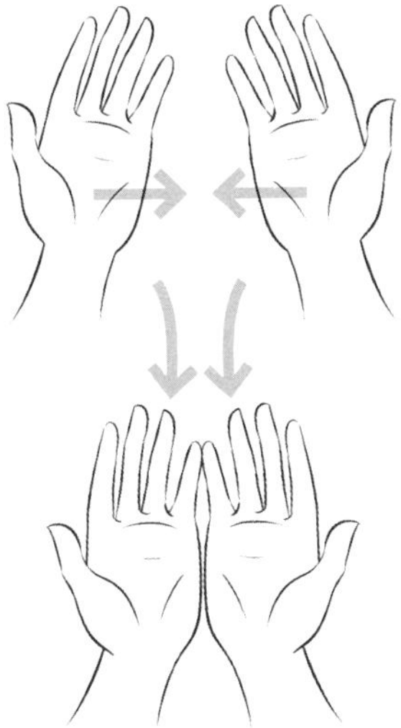

②中指及無名指併合，依序輕敲眉、眼尾、眼下、人中、下巴。

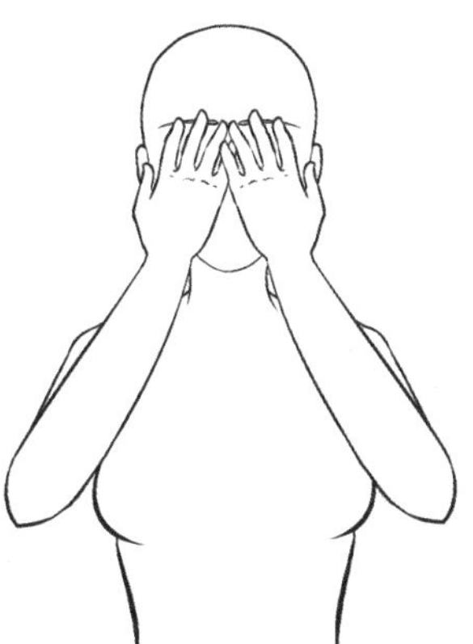

③手指輕敲鎖骨下方、兩乳膻中穴位置。

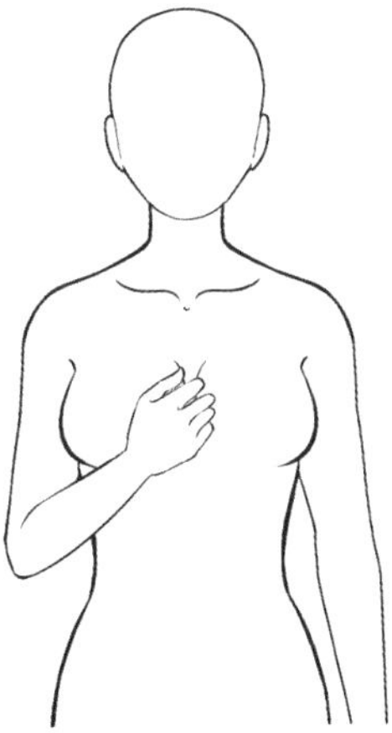

④敲肋骨兩側，腋窩下六吋，大包穴位置。

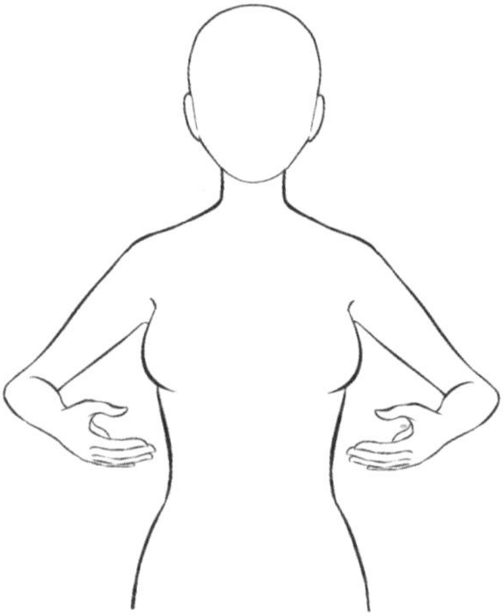

⑥手敲眉心，另一手敲兩乳間的膻中穴位置，可以幫助安定能量場。

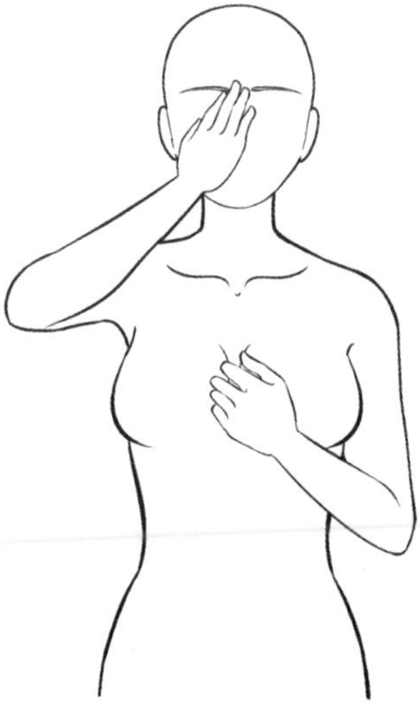

⑤敲手背，用一手敲打另一手的手背第四指（無名指）、第五指（小指）凹陷處，三焦經位置。一手敲完換另一手。

練習
8

感覺憤怒或不被家人尊重——平靜三焦

雙手的大拇指輕放在兩邊太陽穴，其他手指分散放在前額頭中央的部位。

練習
9

家族能量場混亂——透過家庭能量動力整合

透過家庭能量動力，讓家庭成員更了解彼此。例如，太過寵溺孩子的父母，要從討好者的姿態回到父母應有的角色；太過強勢的妻子，要回到女主人的位置，讓弱化的先生也有機會回到應有的角色，扛起家中責任；太過照顧原生家庭的已婚男性，要回到自己新建的家庭，做好先生、父親角色，而非一直卡在原生家庭中，因爲心疼母親而站到母親伴侶的位置。亦可參看第二部分「個案篇」諸多主角如何以家庭能量動力整合站回自己位置的實例。

練習 10

家人不在身邊，還是讓你感到困擾、受到影響——情緒心念

毋須真的見到讓你感到困擾的家人，可以用觀想的方式，想像對方就站在你面前，練習把你心裡的話如實告訴對方。亦可參見第二部分「個案篇」諸多主角如何以情緒心念療癒自己的實例。

情緒心念的威力既強大又直接，即使放在心裡沒有真的說出口，也會展現應有的力道。一旦心念開始改變，原本糾結的能量場就會開始鬆動。重點在於持續不斷地覺察，讓自己的心念有意識地往想要到達的方向邁進。

練習 11

為家人犧牲付出許多，卻沒有回報——愛的語言

你或家人喜歡擁抱親吻，還是收到驚喜禮物？了解每個人喜歡的「愛的語言」，也就是對方能夠感受到愛的方式是什麼，從此不再「做到流汗卻被嫌到流涎」。參見第一部分「概念篇」愛之語的相關內容。

練習 12

強化家人關係，讓溝通更有愛也有效——正念溝通四階做法

正念溝通就是在對話時做到同理、不批判、全心全意交流。掌握以下四步驟：

1. 同在：用正念跟對方溝通時，首先要做到「人在，心也在」。

2. **專注傾聽**：人們往往急著表達自己想說的話，卻忘了傾聽比說話更為重要。

3. **摘要複述（非評判）**：傾聽之後，複述一次對方所說的內容，重點在於了解。因為專注聽完話之後，雖然說話的人覺得被聽到了，但聽的人心裡是在評判，還是真心想要理解你，其實說話的人並不清楚。摘要複述對方說的話，有助於更完整地理解彼此與溝通。

4. **照顧情緒**：人與人之間的溝通模式一旦建立，就不容易扭轉，因為溝通到後來，往往要處理的是兩人之間累積的情緒。如果心裡已經很厭惡一個人，那麼無論他說什麼，我們往往是聽不進去的；要是雙方的能量錯綜複雜，就算只是坐在鄰座，彼此也會感覺很不舒服，因為兩個人的負面能量不斷交錯，造成雙方都在不舒服的情緒中糾結。例如，我跟某個家人處得不太好，甚至一想到他，心情就不好，胸口又悶又堵。這時不妨試著用正念當中的「身體掃描」技巧（參看「練習14：身體掃描」相關描述），幫助覺察情緒，別再讓情緒成為溝通的障礙。

練習 13

培養專注與同在的能力——正念基礎練習：呼吸觀察

以下為正念最基本的呼吸靜坐法：

找個感覺安全的地方，讓身和心同在。

去感受臀部和椅子之間的觸感，感覺鼻孔一直有氣息出入。深呼吸一下，告訴自己現在的這口呼吸，又是新的一口呼吸了，無論過去怎麼樣，我們永遠都有新的機會去面對未來。

慢慢地回到自然呼吸的頻率，感覺呼吸一直跟我們在一起，無論開心、難過、吃飯、睡覺……呼吸一直都在。此時我們只要去觀察、去留意自己是在呼氣，還是吸氣，就像在水流旁看著，我們也只要好好觀察自己當下的每一口呼吸就好。然後提醒自己，過去的已經過去，未來的還未到來，透過體驗當下的呼吸，感覺到自己。

觀察呼吸時，很多人會開始想東想西，想到孩子、伴侶、父母、同事、朋友等周遭的人說過的話，或是之前發生的大小事，一大堆念頭在腦海中浮現。這都是正常的反應，毋須介意。

一旦發現自己思緒被拉走，就輕輕回來，留意呼吸即可。要是念頭真的很多，不妨乾脆去觀察這些念頭，看看自己平常都在想些什麼。

其實念頭只是念頭，我們看到、想到的很多念頭，往往都不是真的。試著去感覺身體，去看清**念頭未必是事實**，然後把感覺放回自己的身體或呼吸上。

- 如需音檔引導練習，可聽此 YouTube 音檔：
https://www.youtube.com/watch?v=XvUJI71hHhM

練習14

培養觀照情緒的能力——正念基礎練習：身體掃描

身體掃描之前的準備：

找個安靜、獨立、不受打擾的空間，躺著或坐著練習皆可。

- 這個練習很單純，不必思考，毋須評價，保持開放、專注與接納。覺察自己，重新與自己的身體連結。
- 掃描時，眼睛可以張開，也可以閉上。整個練習過程保持覺察與清醒。
- 留意呼吸或觀察小腹的起伏，不用擔心做對或做錯，就只是觀察。如果分心了，不必氣餒，輕輕地把心帶回來，很有耐心地跟自己在一起。
- 體驗全身的重量感。如果是躺在床上，就體驗頭顱、後背、臀部與床接觸的感覺；若是坐在椅子上，就體驗臀部與背部承受的重量感。
- 身體局部可能鬆，可能緊，可能某些部位舒服、某些部位不舒服，都沒有關係。如果可以放鬆，很好；若無法放鬆，也沒關係，因為你覺察了，這是一種智慧。身體所有的部位與感受，都是你的一部分。

- 不是所有部位都會有感覺，沒有感覺的部分，就如實知道它沒感覺即可。覺察到該部位沒有感覺，也是一種正念。
- 身體掃描的重點，在於保持客觀、如實、第三方的態度，平等而不評判地覺察每個存在的身體感受，無論它是舒服、不舒服，或是中性的／沒感覺。

開始身體掃描：

1. 把注意力放在左腳腳跟，尤其如果是躺著練習，腳跟應該會接觸地面，那就去體驗左腳腳跟接觸地面的感覺。
2. 體驗左腳腳掌。如果有穿襪子，可以感受皮膚與襪子的接觸，沒穿襪子也可能會跟空氣接觸。接著體驗腳趾頭，然後是腳背。
3. 注意力往上移動到左小腿，體驗它的各個側邊。除了皮膚，也向內感覺肌肉，看看是緊是鬆，甚至再向內感覺骨骼。

4. 再往上移動，去覺察左膝關節。接著是大腿，包括內外側、上下四周，從皮膚表層開始覺察，然後向內深入去覺察肌肉的感覺。

5. 再來換右腳。從右腳腳跟開始，像感覺左腳那樣一路往上，直到大腿與骨盆的連結處。

6. 接著進入軀幹部分。首先是整個骨盆腔，包括臀部、鼠蹊部和膀胱等部位，客觀如實地覺察。

7. 再往上到腹部，可以覺察皮膚與衣物的接觸、底下的肌群、更裡面的胃腸。其實胃腸是有感覺的，例如餓或飽。

8. 然後是腰的兩側，以及整個後背部。

9. 接著來到胸口。這裡是重點，因為胸口是與身體及情緒連結最明顯的部位之一，多花點時間客觀、如實、接納地體驗這裡的感受。當然，正在做練習時可能沒有情緒，那可以先感覺皮膚與衣物的接觸，之後往內、往心窩方向去感受。

10. 然後是左手手掌、手指頭，往上到手腕、前手臂、手肘、大手臂，一直到左肩膀。接著右手也一樣，從手掌一直覺察到右肩膀。

11. 再來是喉嚨、脖子兩側，以及後頸部。

12. 然後是臉部與頭部，包括下巴、嘴唇、臉頰、鼻子、眼睛、額頭、耳朵、後腦勺、頭頂。

13. 剛剛是分別覺察身體各個部分，現在可以同時覺知全身，清楚知道自己躺著、坐著，姿勢為何。去感覺整體，可能有些部位有感覺，有些部位沒感覺，有些部位舒服，有些部位不舒服，但都保持開放，允許這一切如其所是地存在。

14. 最後，你可以動一動手腳，感覺身體具體存在。接著把眼睛睜開，清醒體驗自己全身的感覺。如果你剛剛睡著了，也沒關係，雖然身體掃描原意是要保持清醒地覺察，但如果你因此有個美好的睡眠，也是好事。當然，能夠覺察自己的身體、感覺、情緒，才是身體掃描的關鍵。

● 如需音檔引導練習，可聽此 YouTube 音檔：

https://www.youtube.com/watch?v=r_SmSBMu_XM

練習 15

當情緒高漲時——正念應用練習：極度深呼吸

此即一般深呼吸的加強版。大部分人即使做深呼吸，也不一定會吸到極致地長，吐到極致地盡，這項練習則是非常刻意地，吸氣盡量吸久吸長，吸到實在受不了為止，吐氣則要完全吐盡，就像唱歌不換氣，拚命唱到底，越久越好；甚至可在吐氣時小聲喊「啊……」能喊多長算多長。

就這樣吸……吐……吸……吐……吸……吐……數次，直到感覺胸口鬱結的感受稍微鬆開為止。在深呼吸時全神貫注地留意呼吸本身，幾次之後，通常情緒會較為平穩。

練習16

有衝動想罵人——正念應用練習：三口呼吸法

當情緒不穩，有股衝動想對家人說出某些話、做某些事之前，話到嘴邊慢半拍，以免出口傷人。例如，忍不住要指責孩子或罵老公前，可以透過三口呼吸，給自己一個剎車的機會。

第一口呼吸，專注觀察氣息在鼻腔的進出，然後把混亂的念頭集中在身體上。

第二口呼吸，放鬆肌肉，一面吸氣、吐氣，一面把身體的肌肉放鬆。

第三口呼吸，則是在吸氣、吐氣的時候，問自己「現在什麼最重要」。例如是發脾氣重要，還是孩子的未來重要？是羞辱老公重要，還是讓兩人有個美好的未來重要？

透過三口呼吸，讓自己不致一時衝動，說了後悔的話，或是做出難以彌補的事。

國家圖書館出版品預行編目資料

別再說都是為我好：情緒能量×愛的語言×正念溝通，改變家庭能量動力，化解家人關係難題／許瑞云，陳德中 作.
-- 初版. -- 臺北市：方智出版社股份有限公司，2021.02
272 面；14.8×20.8公分. --（自信人生；169）
ISBN 978-986-175-578-6（平裝）

1.家庭關係 2.親子關係

544.1 109021164

Eurasian Publishing Group
圓神出版事業機構
用心與你對話・視野無限寬廣
方智出版社
Fine Press

www.booklife.com.tw reader@mail.eurasian.com.tw

自信人生 169

別再說都是爲我好

情緒能量×愛的語言×正念溝通，改變家庭能量動力，化解家人關係難題

作　　者／許瑞云・陳德中
文字整理／廖慧君
個案諮商指導協助／鄭先安
繪　　者／米　可
發 行 人／簡志忠
出 版 者／方智出版社股份有限公司
地　　址／臺北市南京東路四段50號6樓之1
電　　話／（02）2579-6600・2579-8800・2570-3939
傳　　真／（02）2579-0338・2577-3220・2570-3636
總 編 輯／陳秋月
副總編輯／賴良珠
專案企畫／沈蕙婷
主　　編／黃淑雲
責任編輯／陳孟君
校　　對／黃淑雲・陳孟君
美術編輯／蔡惠如
行銷企畫／陳禹伶・朱智琳
印務統籌／劉鳳剛・高榮祥
監　　印／高榮祥
排　　版／陳采淇
經 銷 商／叩應股份有限公司
郵撥帳號／ 18707239
法律顧問／圓神出版事業機構法律顧問　蕭雄淋律師
印　　刷／祥峰印刷廠
2021年2月　初版
2023年12月　6刷

定價380元　ISBN 978-986-175-578-6

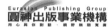

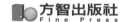